박연수 단상집

민들레 꿈, 긴 여정

박연수 단상집

민들레 꿈, 긴 여정

초판인쇄 2025년 7월 1일
초판발행 2025년 7월 7일

지은이_ 박연수
발행인_ 이현자
발행처_ 도서출판 현자

등 록_ 제 2-1884호 (1994.12.26)
주 소_ 서울시 중구 수표로 50-1(을지로3가, 4층)
전 화_ (02) 2278-4239
팩 스_ (02) 2278-4286
E-mail_001hyunja@hanmail.net

값 18,000원

2025 ⓒ 박연수 Printed in KOREA

무단으로 내용의 일부를 인용하거나 복사, 발췌를 금합니다.

ISBN 978-89-94820-08-8 03810

박연수 단상집

민들레 꿈, 긴 여정

도서출판 **현자**

서문

초등학교 다닐 때 처음 받은 미술대회 참가상은, 상장도 뺏지도 부상도 모두 사라졌다. 하지만 그 기억만큼은 지금까지 남아 힘들 때, 나만의 추억으로 위로와 응원이 되어주었다.

세상에 책도 모르던 내가 만화방에서 종일 지냈던 짧은 기억도 긴 세월 동안 아름답던 소중한 재산이 되었다.

문산에서 가게가 불이 나서 안양으로 이사 와 다니던 근명여자중학교에는 교실에 책이 있었.
처음으로 읽은 '80일간의 세계 일주'라는 책이 내 인생의 삶과 눈을 다른 세상으로 향하게 했다.

우리 집에 흑백 TV가 처음 들어온 날, 그날은 흑백 TV에서 '황태자의 첫사랑'이 방영하는 것을 보며 미지의 세계를 동경하게 되었다.

이제 머리가 백발이 되고 삶이 나를 지탱해 주는 이유가 이처럼 사소한 추억들이고, 추억이 행복하게 하니 참 고맙고 감사하다.
모든 사람들과 벗들이 내 삶을 더 빛나게 하니…….

박연수

목차

서문 ···5

첫 번째 삶, 더불어 가다

아침 새벽 공기 ···12

어느 날 천천히 ···14

다시 처음으로 ···18

누군가에게 기대되는 ···20

내 안의 벽 ···22

자신을 향한 조용한 외침 ···25

우리가 바라보는 것들 ···28

잊힌 이야기들 ···31

시간이 흐른 뒤에야 ···34

하루살이의 꿈 ···36

다시 시작합니다 ···44

버팀목 ···48

공동체 ···50

스승 ···52

무조건 감사 ···54

인연의 힘 ···56

늦은 밤, 거리의 악사 ···58

지하철에서 ···60

보이는 것들의 허상 ···62

새로운 길을 가는 사람은 ···65

세 사람의 잣대와 규칙 …67

어둠이 물러나는 시간 …70

좋은 목소리 …72

인생의 틀 속에서 …75

감사 …78

두 번째 행복, 소소한 일상

소소한 행복 찾기 …82

황제를 위한 콘서트를 보고 …84

시간이 흐른 뒤에 …87

1%의 작은 시도 …90

비가 내리면 …93

불자동차 …96

생각의 파편 …99

공감과 경청 …102

이어지는 삶과 죽음 …104

서울에서 만난 사람들 …106

또 다시 산다는 것은 …110

희망을 위해 마음 비우기 …112

격이 달라서 실례라고 합니다 …114

침묵하며 창밖을 봅니다 …116

느림보 우체통 …118

다시 배우기 …120

어느새 올챙이가 …123

영화 한 편 …126

생선구이 …128

인색함 …131

광복동 거리 …134

말이 주는 의미 …136

주저하는 것은 …139

그리움 …142

서울에서 엄마가 …144

소풍 …146

눈이 참 나쁜 사람 …148

세 번째 기다림, 시간의 속삭임

첫날 첫 마음 …152

여유 시간 …154

함께 나누는 이야기 …156

천 번의 흔들림 …159

흐르는 물 1 …162

흐르는 물 2 …164

낯선 곳에서 …166

힘들 때에도 …*168*

솔개의 노래 …*170*

그리운 이름 …*172*

특별한 만남 …*174*

바쁜 하루 …*176*

오랜만의 외출 …*178*

추억 기차 …*180*

사람 구경 …*182*

자신을 세우는 일 …*184*

기억의 의미 …*186*

열한 개의 기억 …*188*

생각 상자 하나 …*190*

현재의 내 몸, 미래의 자신 …*192*

한 달에 한 날 …*194*

기다림과 인연 …*196*

터널 밖 …*198*

삶은 언제나 오르막길 …*200*

독립 …*202*

몸살 …*204*

견디는 것 …*206*

네 번째 계절, 겨울에서 봄 여름 가을

겨울 준비 …210

겨울의 쉼 …212

빗소리 그리고 바람 …214

봄이 오는 길목 …216

침묵의 봄 …220

주목이 보고 싶습니다 …222

나무의 작은 소리 …224

못생긴 나무 …226

꽃들의 자태 …228

칠월이 주는 의미 …231

걸작을 위한 나만의 인생 작업 …234

풀벌레와 이슬 그리고 젖은 땅 …237

가을의 문턱에서 …240

알록달록 단풍 …243

가을 맛 …246

가을과 겨울의 길목 …249

깊어 가는 가을 …252

은행나무 …254

첫
번
째

삶, 더불어 가다

아침 새벽 공기

아침 새벽 공기가 저를 깨워 누워 있지 못하게 합니다.
어둠 속에서 긴 기다림이 싫어서 준비해서 불광천 산책 거리로 나옵니다.
어둠이 내린 불광천은 또 다른 신선함으로 저에게 말을 걸어옵니다.
천천히 느리게 걷는 걸음 위에 사람들의 분주함이 낯설어지는 시간.

오늘도 기대합니다.
혹 선물이라면 멋진 호피무늬의 진돗개인 킹을 만날 수 있을까 해서
멀리서 당당하게 걸어오는 킹은 내가 부르는 소리에 꼬리로 화답합니다.
얼마나 반가워하는지 오히려 주인이 놀라워합니다.
먹을 것을 주고 예뻐해도 본 척도 안 하는 거만한 녀석이
유독 나를 좋아하니까요.

꽃도 가꾸지 않으면 잡초가 된다고 합니다.
꽃이 있고 잡초가 있다는 생각은 사람이 구분을 지어 놓은
경계선일 뿐입니다.
자연의 눈으로 보면 모두가 꽃이고 잡초입니다.
사람도 내 생각으로 다른 사람을 좋고 나쁨 또는
필요와 불필요의 경계가 있습니다.

반성하지 않는 것은 폭력이라고 어느 책에서 보았습니다.
자신에게 인지 다른 사람의 불편한 관계인지 잘 모르겠습니다.
지난 세월을 생각하면 전 거의 폭군입니다.
세상을 그냥 보이는 느끼는 살아가는 흐름으로 살았으니까요.

인생의 이모작을 준비하는 지금 세상에 흐름에 따라갈 수는 없지만
젊은 사람의 기준에서 보면 늙은 사람이요
황혼을 바라보는 분의 기준에서 보면
여전히 청춘이 제게 남아 있는 축복의 시간
양면성이 모두에게 좋을 수는 없습니다.

무엇을 얻기 위해서 자신이 무엇을 포기했는가를 가지고
자신의 성공의 판단 기준을 가지라는 글은
성공의 가치관을 전혀 다르게 합니다.
자신의 성격이 자신의 운명임을 아는 까닭에 모든 것이 새롭습니다.
오늘도 하루가 갑니다.
소중한 시간 속에 추억도 쌓여 갑니다.

어느 날 천천히

이른 봄에 황사 바람이 몹시 부는 어느 날
천천히 동네를 걸어 봅니다.
아파트와 단독이 경계선을 이루는 도시는
가끔은 황량하고 어둡기도 합니다.
한참을 걷다가 문득 눈에 들어오는 문패 하나
참으로 오랜만에 보는 삶의 박제품
우리는 자기 집에 문패 하나 걸지 못하는
무서운 세상에 살고 있습니다.

예전에는 집집이 문패가 있었습니다.
처음으로 집을 살 때 문패를 먼저 걸었습니다.
이름과 번지까지 선명한 그 문패는 세월의 흔적처럼
색깔이 더럽혀져 묵묵히 있습니다.
아무리 둘러보아도 모든 집에는 번지만 남아 있지 문패는 없습니다.
어느새 우리는 자신의 위치조차 잃어버린
이방인이 되어 목적도 쉼도 없이 살아갑니다.

여러분들을 만났습니다.
고궁에서 버스에서 우린 낯선 타인이 되어 스쳐 지나가지만

순간에 보이는 모습은 일상이 빚은 작은 자신이 되어
서로에게 색깔이 되어 보입니다.
무지개가 양면이 있듯이 야누스가 양면을 통해 세상을 보듯이
우린 타인을 통해 자신을 봅니다.
타인의 선택에 우리의 삶이 조금씩 변해가시만
스스로 알지 못하는 것과 같지요.

친구가 병원에 입원해서 문병을 갔습니다.
멀고 긴 길이지만 보고 싶은 마음에
가는 길은 여행이 되고 만남은 또 다른 축복이 되어
가슴에서 넉넉한 저녁이 되어갑니다.
마음이 바쁜 사람은 바로 앞의 유리 벽을 보지 못해
꽝하고 부딪치면서 일어나 심한 욕을 합니다.
도대체 건물을 이렇게 만들어 내가 다쳤다고요.
뒤따르는 저는 그저 웃습니다.

우리들의 어머니는 오늘도
자식은 엄마의 마음을 몰라 준다고 말씀을 하시면서
두 눈에는 눈물이 가득합니다.

항상 마음속에 있는 자식은
어쩌다 한번 얼굴 한번 내밀고
모든 효도를 다 했다고 말하지요.
우리의 어머니는 자식과 긴 대화를 원합니다.
소소한 이야기 함께 웃고 손잡고 맛있는 것을
같은 마음으로 먹는 것
세월이 흘러서 자식도 이제 늙어 가지만
여전히 부모보다는 자식을 먼저 생각하지요.
흐르는 물처럼 세월이 갑니다.

이른 새벽 불광천은
지난해의 공사로 조금 표정이 부드러워졌습니다.
새들이 쉴 수 있는 공간과 자전거 다리도 놓이고
직선에서 곡선으로 걸으면서 보는 맛이 참 좋습니다.
사람들은 모두가 낯설지만,
각자의 생각에 사로잡혀 매우 빠른 걸음으로
시간에 쫓겨서 걸어갑니다.
많은 사람이 스쳐 지나가고 나면

어느새 텅 빈 불광천은
새들과 흐르는 물만이 나의 친구가 되었습니다.

함께 모여 웃는 공간 안에서도 때때로
낯선 타인이 되고 경험과 지식 그리고
접힌 생각 속에 우리는 판단합니다.
인정과 배려는, 나와 다르더라도
다른 사람을, 있는 그대로 받아주는 용기가 필요합니다.
무수한 말이 허공에서 춤을 추지만
사람의 마음에 닿지 못해 바람 속으로 날아가 버리고
모두가 떠난 자리에
비워지고 남아있는 작은 상처의 흔적들을 보듬으면서
그래도 희망이 되기 위해 다시 걸어갑니다.

다시 처음으로

벽에 붙인 광고가 참 많은 생각을 하게 합니다.
"나 데리고 사는 법" 처음에는 무슨 의미일까 생각 없이 걷다가
잊을 만하면 붙어있는 말에 점점 생각이 붙잡혀
정말 나를 잊고 살아온 세월이 보였습니다.

틀에 매여서 누구의 딸로, 아내로, 어머니로……
친구에게 물어보니 자신의 이름조차 잊어버릴 때가 있다고 합니다.
내가 없는 나의 인생 정말 얼마큼 진실하고 행복할까요.
오십이 넘어서 돌아보니 거울 속에 자신도 낯선 사람이 되어 버렸습니다.

흙으로 덮인 냇가를 걸을 때는 삭막하고 그냥 빨리 지나치고 싶었습니다.
오늘 다른 천에서 산책을 할 때는 갈색의 갈대와 물이 오른 나뭇가지
꽃봉오리를 움켜쥔 목련 그리고 곡선의 개천은
마음을 고향으로 가게 합니다.
중간중간 던져진 크고 작은 바위들은 말없이 흐르는 마음을 붙잡게 합니다.

치타는 야생에서의 새끼 사망률이 90%에 이른다고 합니다.
개방된 넓은 초원에서 노출된 서식지에서 안전도 없는 공간
늘 새끼의 죽음을 보면서 잠시의 깊은 눈망울을 하고

다시 삶과 죽음의 줄타기를 합니다.

우리는 삶에 대해 정직하지도 죽음에 대해서 자유롭지도 않은
지구상에 특별종입니다.
오늘보다 내일을 위한다고 하면서 오늘을 저당 잡히고 웃는 특별종
오랜만에 만난 친구의 낯섦처럼 우린 자신을 잊고 있다가
놀래는 타인이기도 합니다.

하늘은 어두워서 잠시 비가 올 것 같은 흐린 날
서둘러서 길을 따라갑니다.
거센 바람이 불어야 높이 날리는 연처럼
토끼와 경쟁하지 않고 자신의 목표를 위해 묵묵히 걷는 거북이처럼

그래도 소중한 한 달을 선물해 주신 신께 감사합니다.
오늘이 어제 죽은 사람들이 보낸 선물임에 더욱 감사합니다.
남은 기회가 우리에게 주어짐을 감사합니다.
인연을 통해 삶이 더욱 풍성해지는 축복입니다.

누군가에게
기대되는

누군가에게 기대되는 우리들의 삶은 참 아름답습니다.
기대되는 사람이 되어서 좋고
기대할 사람이 있다는 것은 인생을 조금은 행복하게 하니 늘 감사합니다.
경청은 내 안의 나의 말과 타인의 말에 인내심이 필요합니다.

우리는 파편들 속에서 살고 있다고 어느 성자가 말했습니다.
나누어지고 찢어진 우리들의 영혼
직장에서, 집에서, 권위에서, 물질에서 우리는 다른 모습이 되어
스스로 놀라서 소리치는 광대놀음 같은 모습이 우리일지 모릅니다.

색채는 빛의 상처라고 말합니다.
찬란한 색으로 만들기 위해 빛이 겪는 빛의 고통
보이는 부분에만 집중하는 우리의 눈
진주가 조개의 눈물이듯이 우리도 누군가의 상처이기도 합니다.

아직 다 끝나지 않은 삶을 놓고 우리는 각자의 지식과 경험으로 정죄합니다.
자신은 정당하다고 하지만 고통을 느끼는 부분도 아픔도 서로 다릅니다.
한마디에 원수가 되고 친구가 되는 말의 힘
일상에서 너무 간과해 버린 핵폭탄의 무기이기도 합니다.

이 찬 바람에 연약한 싹을 세상에 보내기 위해서 땅은 온 힘을 다합니다.
작고 작은 몽우리 하나가 땅을 뚫고 나오기까지
몇 날 며칠을 기다려 봅니다.
드디어 눈에도 잘 보이지 않는 작은 싹은 세상에 나와
소녀처럼 웅크리고 있는 모습을 쳐다만 보아도 힘이 됩니다.

또다시 봄을 기대합니다.
개나리는 벌써 꽃이 피기 위해서 물이 오르고 목련도 그러합니다.
춥다고 방에만 있는 동안에 나무는 찬바람을 맞고 작은 햇살에 의지해
다음 세대를 위한 피나는 노력을 해서 스스로 아름다운 꽃을 피웁니다.

우리 모두 자신이 보물입니다.
사회가 만든 기준에 우리는 부족하다고 할지라도
이 땅의 또 다른 씨앗의 일부이며
나누고 더하는 세상의 잣대에서 벗어날 때
작은 행복에 기뻐할 줄 알 때 우리는 보물이 됩니다.

내 안의 벽

우리는 사방의 벽과 싸울 때가 참 많습니다.
경험의 틀 안에서 하나의 굳어진 사고나 규칙은
세월의 안일함이 주는 위험한 벽이 되어 갑니다.
새로운 것에 대한 그들의 안주하는 태도는
더 멀리 가야 하는 사람에겐 쉼입니다.

쉬면서 높고 높은 벽을 봅니다.
시간만큼 더 튼튼해졌는지는 몰라도
세월 앞에 조금은 엉성한 모습입니다.
세상은 바뀌어 가는데
자신이 만든 벽만큼은 완전하다고 하는 위험한 생각,
타인의 베풂에 자신의 무능과 안일함을 덮기 위한
가식과 독선이 있습니다.

계층 간에 부자와 빈자 사이에서
학벌이나 먼저 됨에 오는 철저한 그들의 쌓아두는 생각들
물만 흘러야 정화되는 것은 아니지요.
생각도 흘러야 하고 사람도 흘러야 하고
함께하는 우리 모두에게 배려는 나보다는 그를 그리고

 우리를 먼저 보는 안목이 필요합니다.

우리는 말로만 세상에서 가장 소중한 사람이라고
남들이 하는 말에 동조하듯이 합니다.
소중한 사람은 작은 사람의 마음도 읽을 줄 알며
어디에서나 당당합니다.
내가 있는 위치에서 책임감을 가지고 언제나 더 크게 보면
늘 자신이 스스로 주인의 마음 되어
함께하는 우리 공동체의 이익에 더 많이 우선하며
나를 버릴 줄 아는 것입니다.

벽은 종교단체 안에서 자리다툼에서 오기도 합니다.
내가 이만큼 세웠다는 우월감
내가 이만큼 지켰다는 관계에서 오는 독선과 아집은
자신 개인의 이익과 연결되는 일만 바라보는
좁은 시야를 알지 못합니다.
다수의 의견만이 모두가 올바른 것이 아닌데도
그것이 정당하다는 이유로 포장되기도 합니다.

저도 제안에 벽을 가지고 있습니다.
타인의 벽 앞에서 생존하기 위해
내 마음속에 또 다른 벽을 만들었습니다.
다른 벽과 싸울 때 힘이 지치고 주저앉고 싶을 때,
나 자신의 벽 안에 갇혀 그냥 앉아 있습니다.
마음의 눈물이 마르고 조금 생각의 폭이 너그러워질 때
다시 문 하나를 만들어 나옵니다.
그래도 함께 가야 하는 목적과 이유를 알기에
먼저 손을 내밀어 봅니다.

어쩌면 누군가는 그 손을 기다리고 있을 것이라 믿기에
주저하는 그들의 손을 먼저 잡아봅니다.
손으로 전해지는 온기와 냉기 그리고
굳고 거칠어진 손들은 나를 다시 채우는 힘이 됩니다.
어떤 인생을 살았는지 그리고
앞으로 살아갈 이야기가 그 손을 통해 전해져옵니다.
우리는 전혀 다르지만 같은 공간 같은 시간을 함께 만들어 가는
소중한 사람들입니다.

자신을 향한
조용한 외침

도서관에서 더위를 피해 온종일 시간을 보내고 있었습니다.
한여름의 피서를 생각하게 합니다.
수많은 책의 조용한 외침…….
제목에서 저는 그만 닫힌 자신을 보았습니다.
스테판 에셀님의 "분노하라"는
지금까지의 삶을 다시 바라보게 합니다.

세상의 관념에 규례에 혹은 가족 간의 묵계에
익숙해져 버린 자아의 현주소.
자신의 인생에 대한 정당한 화도 없이
그냥 물 흐르듯이 주어진 시간 속에 보태어진 삶의 조각들이
이제 다시 되살아납니다.
만약에 나의 몫을 정당하게 요구했다면
인생은 얼마나 새로운 그림으로 만들어졌을까요?
안주가 아닌 도전이며 익숙함이 아닌 변화의 중심에서
다른 길을 가는 것이 또 다른 변화이다.

상황이 어떻든 항상 용감하라는 어느 일본 여류작가의 말이
일주일 내내 가슴에 꽂혀서 내리는 비를 맞고 걷기도 하고

어둠이 찾아오면 그냥 그 어둠에 친구가 되어
주저하지도 못했고
당연히 그래야 하는 명제처럼 살아버린 시간의 환영을
나이 쉰이 넘어 무수한 고개를 넘고
또다시 절망의 나락에서 찾는 언어가 주는 강력한 힘.

일본 어느 여류작가의 글 중에 '늙지 마라. 나의 일상'을 읽으면서
시간의 강을 어떻게 보내야 하는지, 사물과 현재 그리고
시간이 만들어 준 육체의 나약함과 느림에 대한
또 다른 해석을 해봅니다.
어느새 그 시간을 향해 행진하는 제모습을
거울 속에서 천천히 바라봅니다.
지금 나의 시간과 상황은 단 한 번도 계획된,
아니 준비된 시간이 아니라 닥친 것이라는 것을.

어린아이들이 사랑스러워 보이는 것은
자신이 늙어가는 것이고,
흘러가고 사라진 시간에 대한 그리움인 것을
이제 조금씩 알아갑니다.

그들의 모습에서 퇴색되지 않는 추억의 기억들을 붙잡고
여전히 착각하며 살아가는 자신을 인생의 속도 또한 느리게
그러나 정확하게 지나감에 대한 두려움이 늘 내 안에 있습니다.

이틀 동안 내린 비는 양철지붕을 때리는 빗소리처럼 시끄럽고 요란하지만
가뭄에 그 빗소리는 생명의 존재에 대한 감사가 되었고 그 마음은
뜨거운 태양이 잠시 한낮의 열기를 더하니
어느새 푸념 섞인 인간의 간사함이 있습니다.
어느 것도 만족할 줄 모르는 이기심 때문에 어쩌면 우린
이기심 탈출에 대한 욕망 부재의 사람들입니다.

청소하면서 두 개의 빗자루를 사용해 보았습니다.
하나는 플라스틱 재질의 도구로 값도 싸고 괜찮아서 써보았지만,
너무 뻣뻣해서 구석구석 쓸리지 않았고
가격이 비싼 싸리 빗자루는 키도 크고 부드러워서 허리를 굽히지 않아도
좋고 어디에도 쉽게 형태가 만들어져 쓸렸습니다.
사람의 마음도 그러합니다.
혹 제 마음의 상태가 딱딱해서
상대방에게 상처를 주지 않았는지 걱정입니다.

우리가
바라보는 것들

응암3동 사무소에 청사 건물 옥상에서
된장 고추장을 담는 참다래를 신청했습니다.
35년 전에는 엄마와 함께 고추장도 담그고 메주도 만들어서
적당히 곰팡이가 생기면 그 메주로 간장을 담고
다시 된장도 만들었습니다.
어느새 세상의 편안함에 익숙해진 제모습이 싫증이 났는지
다시 옛것이 그립습니다.

철마다 때마다 담가서 넉넉히 먹던 인심은
돈을 주고 사는 세상에서 각박해지고 너무 계산적이고
이득에 눈치 빠른 사람으로 살게 되었습니다.
먹음에서 나눔에서 다시 인심이 생기고
우리들의 얼굴에 기쁜 표정이 살아남을
이제 조금 살다 보니
저도 세월의 넉넉함을 함께 나누는 기쁨을 알게 되었습니다.

며칠 전 전철을 타고 잠시 쉬기 위해서 길을 나섰습니다.
언제나 제 손에는 책과 메모지가 있어
홀로 가는 여행길이 언제나 행복합니다.

사람도 많지 않은 전철 안에서의 독서는 또 다른 즐거움입니다.
순간 50대 후반의 세 명의 여자가 승차하면서
전철 안의 소란함은 견디기가 힘들었습니다.

작은 목소리로 말했습니다.
조금만 소리를 줄여주시면 안 될까요? 하고 정중히 부탁했습니다.
그때 세 사람의 표정을 보았습니다.
전세를 내고 가는 전철인 양 기득권자인 양,
왜 그런 요구를 하느냐 하면서
몹시도 화가 나고 기분 나빠하는 세 사람의 얼굴에서
제가 무슨 큰 잘못을 한 것처럼 오히려 주눅이 들었지만
그래서 더욱 당당히 세 사람을 똑바로 바라보았습니다.

새 정거장을 가기 위해 몹시도 소란했던 사람들은
전철에서 내렸습니다. 다른 사람의 시간을 방해했는데도
오히려 당당하고 무례했던 여자들…….
어쩌면 그들의 자녀들도 더 무례하고 오만하게
타인에게 피해를 주면서 그것이 자신의 자유라고 하는 것은 아닐지.
자유는 서로가 함께 공간을 불편 없이 사용하면서

서로를 인정하고 공유하는 것이 아닐까요?

선물로 받은 도서상품권으로 9월의 행사의 하나로
월드컵 경기장 안에 있는 CGV 영화관에 갔습니다.
여러 사람의 추천으로 '암살'이라는 한국 영화를 보았습니다.
영화를 보면서 이미 지난 세월의 흔적이고 역사의 잊힌 사실이면서
결코 잊을 수 없는 것을 보았습니다.
배우들이 온 힘을 다해서
그때의 사건들을 푸념처럼 뱉어버린
무수한 단어의 아픔을 보았습니다.

"다음 세대는 우리를 기억하지 못하고 잊히겠지요." 하던 말이
긴 울림이 되어 결국은 두 눈에서 뜨거운 눈물을 멈추지 못하고
영화가 끝나고 홀로 남았을 때까지 흘러내렸습니다.
그들이 꿈꾸는 세상에서 무상으로 살면서,
목숨을 걸고 삶과 죽음을 덤덤히 살았던 선열들의 잊힌 인생들.
아이들의 죽음에 이득을 위해 매달리면서
우린 목숨을 걸고 살았던 그들을 그냥 잊어버렸습니다.

잊힌 이야기들

새문안교회의 역사기록관을 관람하고 나갈 때야 보았습니다.
《딸들의 아리랑》에 멈추어진 시선은 그 책에 고정되었고
자신도 모르게 책을 보았습니다.
우리들의 기억 저편에 묻힌 수많은 이야기 중에 하나가 되어버린
'위안부'라는 진실.
국가가 힘이 없을 때 국민 개개인의 인생이
무참히 짓밟혀 던 우리 선대의 이야기를.

제게도 희미한 기억 하나 아직도 물음표가 되어 숨어 있습니다.
이모 중에 한 분은 일제 치하에서 얼마나 고문을 당했던지
시체가 되어 집으로 돌아왔다고 합니다.
모두가 가망이 없다고 손을 놓고 있을 때
어느 분이 똥물을 먹이면 가능하다는 말에 희망을 걸고
한 달을 넘게 똥물을 수저로 의식도 없는 이모에게 먹였다고 합니다.

그제야 조금씩 의식이 돌아오고 아주 긴 시간 후에
정상적인 삶을 살 수 있었다고 합니다.
그 이모는 결혼했습니다.
여섯 마리 소가 끄는 세간을 싣고 시집을 갔습니다.

오랜 세월이 지난 후 돌아가실 때는
작은방 넉넉하지 못한 살림 속에 생을 마감했습니다.
세상에 혈육 한 점 없이 그래서 사람에게 참 많은 공을 들였습니다.
비록 모래성처럼 사라졌지만.

《딸들의 아리랑》은 잠재의식 속에 묻혀
다시 기억하지 못할 줄 알았던 아주 작은 의미를
조용히 자신에게 물어봅니다.
지금은 언제 돌아가셨는지 기억조차 하지 못하는 것을.
아마 우리 모두의 선대들에는 결코 잊지 못할 아픈 기억들이
살면서 모두 바람처럼 사라졌다고.
살아남기 위해 그들의 무언의 몸짓도 소리 없는 절규도
우리는 듣지 못합니다.

오늘이 주는 일상 속 행복의 일부분이
그들이 지급한 엄청난 대가의 하나라고 생각하니
흘려보낸 의미 없는 시간의 무게에 저는 두 다리가 무겁습니다.
우리 어머니들의 삶의 통곡을 저는 스치는 바람 소리처럼
그냥 흘려보냈기에 지금도 치유하지 못하고 위로받지 못한

그분들의 얼굴에서 외면해 버린 우리의 이기심이 보입니다.

아침부터 비는 가랑비가 되고 이슬비가 되고 장대비가 되어
하루의 의미를 다르게 만들어 갑니다.
가물었던 땅에 참 오랜만의 단비가 되어
사람의 마음도 소리 없이 적셔옵니다.
이 밤 우산 하나 들고 길을 나서 봅니다.
전철을 타고 광화문에 내려 오랜만에 교보문고에 갑니다.
사람이 그리운데 왜 책방에 가서
새 책에서 나오는 종이 냄새가 더 편안하고 행복한지 모르겠습니다.

넓고 큰 교보문고는 예전에 혼자 갔던 추억의 하나가 되어
편안한 산책처럼 이리저리 돌아봅니다.
이제는 문구도 팔고 작은 군것질도 있고
생활의 소품도 여기저기 풍성하게 진열되어 있습니다.
사람의 취향이 교보문고를 변하게 하고 다양하게 하며
또는 낯설면서 익숙한 걸음처럼 책들의 빌딩 속에 향기로운 마음으로
하루의 마무리를 새롭게 합니다.
책표지가 주는 향연으로…….

시간이
흐른 뒤에야

시간이 흐른 뒤에야 조금씩
자신의 모습의 오류를 바라보게 되는 것은
모든 것을 내려놓고 오는 마음의 여유 때문은 아닌지 모르겠습니다.
사는 것에 조금 욱했던 순간들이
낯설지만 낯설지 않은 사람들의 눈빛에서 오는
답답함이 주는 묘한 순간.

그래서 다시 시간을 잊은 사람처럼 거리로 나가봅니다.
우리는 타인이면서 하나이며 그러면서
여전히 타인이 되는 것은 아닌지.
그렇게 삶은 조율되고 채색되어,
보는 사람의 시야에 따라서
여러 색깔 여러 모양으로 바뀌어서 보이는 그림이 됩니다.
저 또한 하나의 그림에서
여러 장의 추억을 함께 보는 것과 같다고 할까요?

세상이 너무도 빠르게 그리고 강하게 흘러갑니다.
우린 또 어떤 모습에서 삶을 살아가는 것인지
늘 자신에게 물어봅니다.

어디에도 정답이 없는
소리 없는 전쟁에 내몰린 자신의 모습.

자꾸 말의 힘이 들어가는 것을 아는 순간,
말을 잃어버리는 자신을 봅니다.
무엇이 정의이고 무엇이 진실인지
구별하는 것 또한 쉽지 않은 세상.
내 모습이 내가 알고 있는 사람들의 모습만큼 많아서
저 자신도 알 수 없습니다.
거울 속의 내 모습은 하나인데
정확히 알 수 없는 자신의 모습입니다.

우리는 어디에서 존재하고 있는지
생각조차 사유하지 못하는 공간,
갇힌 자신의 모습에서 떠돌고 있는 집시처럼 표류하는 삶,
그래서 더 자유롭지 못한 삶에 대한 애착도 애증도 없는…….
다시 찾아 떠나는 시작이 더 아름다운 것인지도 모릅니다.

하루살이의 꿈

저는 요즘 힘들어서 9시 30분~10시면 꿈나라입니다.
밤 9시면 가족 외에는 모두 전화·문자·메일까지 올 스톱입니다.
그리고 새벽 3시에 기상해서 하루 일과를 조용히 준비를 합니다.
새벽이 주는 의미와 힘은 무한합니다.

소란함에서 피하고 생각을 정리하고 공부도 하고
그냥 누워서 사색에 잠기기도 하고 그림도 그리고
음악에 취하기도 하며 보고 싶은 책도 뒤져보고,
하나하나 준비하는 12월입니다.

삶의 마무리는 언제나 오늘입니다.
그래서 오늘은 처음이자 마지막이고
만나는 하루의 사람들과 이별을 하며
잠자리의 여유가 아니라 하루살이의 절박함으로 살아봅니다.
2018년 1월 12일은 제가 장기기증을 선택하고 서류를 보낸 날입니다.
그 결정이 없다면 지금도 저는 삶이 주는 힘든 것들을
당당히 마주할 조금의 힘조차 없습니다.

지난 반년의 삶은 다시 암의 후유증과 사투였습니다.
사람들이 주는 상처는 아무리 숱하게 받아도
습관처럼 익숙하게 넘기지 못해,
늘 작은 상처가 온몸에 흉터를 남기고
고슴도치의 가시처럼 날 아프게 합니다.
군인들이 자랑스러워하는 어깨의 훈장처럼
그렇게 남들처럼 저 자신을 보았으면 얼마나 좋을까요.
믿음의 형제가 휘두르는 말의 칼날에 입은 상처와
가족이라는 이름으로 주는 상처는
날 낯선 곳으로 떠돌게 했지만
그래도 사람이라 그들의 말을 믿어보았습니다.
하루에도 수없이 쏟아내는 악담과 욕,
비교와 이간질에 점점 저는 지쳐가고 사람들의 욕심과 욕망
그리고 명예욕으로 잘 포장된 언어로 저를 다시 힘들게 할 때
저는 다시 땅으로 눈이 향합니다.

변함없던 자연도 종의 일부인 인간의 횡포에 오랜 침묵을 깨고
비참하고 잔인한 그리고 놀라운 역습을 시작합니다.
지구상의 수천의 종에서 인간은 하나의 종이고
그 잔인함과 욕심의 횡포는 수천 종의 횡포를 합쳐도
너무도 당당한 오만입니다.
공조기의 본드 냄새는 매일 하는 어떤 사람은 지나는 일상에 그치는데

저는 하루만 냄새를 맡고도 다음날 온몸의 몸살로
걸을 수도 일어설 수도 볼 수도 없는 심각한 증상을 보이는데
늘 하는 사람들은 아무런 감각이 없다니 참으로 놀라웠습니다.
3층 언니와 가장 친한 사람이 팥죽을 새알 넣고 만들었다며
저를 생각하고 작은 솥으로 가득 가져왔습니다.
저는 너무 좋아서 앉은 자리에서 저녁으로 절반을 먹었습니다.

그런데 자고 일어난 새벽은 죽음이었습니다.
침대에서 발을 내릴 수도 일어날 수도 없고
두 팔은 암 투병 때 맞은 항암제보다 더 아프고
기운도 머릿속도 하해 져서 도무지 어떤 생각도
무엇을 해야 할지 모르는 공항상태가 되었습니다.
그래도 서울 종로에서 약속과 광화문 교보문고에서 살 책이 있기에
저는 온 힘을 다해서 일어나 화장실로 가서 세수를 하는 데는
무척이나 긴, 장장 4시간이 걸렸습니다.
안방과 화장실의 거리가 걸어서 다섯 걸음인데
4시간을 들여서 가는 힘든 길이 되었습니다.
버스를 타고 전철을 타는데 걸음마다
저는 온 힘을 다해서 병자의 생명의 사투와 같은 하루였습니다.

오후 늦게서야 그 이유를 알았습니다.
어젯밤에 너무 맛있게 먹은 팥죽이 원인임을,
그것은 농약을 너무 많이 친 팥이었고, 찹쌀이었고,

인공 설탕까지 함께 섞어 만든 합작품인 것을…….
세 가지 이상의 농약성분이 섞이면서
그 기준치는 세 배 이상이 되고 가스레인지 위의 가열된 팥은
그 농도가 상상을 초월하는 숫자로 변해있음을 알았습니다.

3층 언니는 다음날 먹고 하루 종일 속이 더부룩하고
너무 힘들었다고 합니다.
결국 남은 팥죽은 싱크대를 통해 다시 땅으로 갔겠지요.
땅은 묵묵히 받아들이고…….

센디에서 한 달 동안 일을 하면서
계속 온몸의 균형이 하나둘씩 무너지고 있었지만
저는 6년 만에 하는 일이라 낯설고
사람과의 관계가 힘들어서 그럴 거라 생각했습니다.
무리하게 쓴 손의 엄지손가락이 기형이 되고
자고 나면 온몸이 붓고 일어날 수 없는 나날들…….
오른손 엄지손가락은 매우 붓고 통증이 심해서
결국은 병원에 가서 정밀검사를 했습니다.
결과는 통풍을 염려했지만 아니랍니다.
그냥 쓰지 않던 손가락 관절이 너무 갑자기 무리한 탓에 붓고,
통증을 동반했다니.

저는 그때 그냥 그런가 보다 생각하고 무심히 넘겨

심하게 아플 때마다 처방받은 통증 약을 지금도 먹고 있습니다.
직장을 다니면서 끊은 수면제를 새로운 일터로 인해
다시 처방 받아서 먹고 있습니다.

온몸과 뼈마디 마디 몹시도 아프고 누우면 너무 몸이 긴장하여
통 잠을 청할 수 없었습니다.
그래서 할 수 없이 수면제를 이용해서 잠을 청해봅니다.
3일씩 전혀 못 자고 일을 하는데 너무 어지러워서
도저히 안 되겠다 싶어 다시 수면제를 처방받았습니다.
결국에 하루 두세 시간만 저에게 잠을 주었지만.
직장에서의 작고 소소한 눈에 보지 않는 문제들이
저의 신경을 다시 예민하게 했습니다.
그것들은 일상처럼 무수한 가시들이 되어
저를 집중 공격하면서 뇌세포를 계속 깨어있게 해서
수면제를 먹어도 잠들지 못해 여전히 머리는 깨어 있고
온몸은 바늘에 찔리는 고통처럼 계속 아프기만 했습니다.

여기는 삶을 사는 기회이고 연습이라 생각하며
견디는 연수 중이라며 자신을 위로했습니다.
그로 인해 삶의 수용에서 연수적인 발상인 전사가 되기로 했습니다.
받아주고 믿어주고 기다려주고 하는 배려함이
타인의 눈에는 영구한 실패자로 비쳤고
그들 자신의 조그마한 아픔이 크다고 큰소리를 냅니다.

저는 생사를 오가며 인디언 전사처럼 견디고 있는데 말입니다.

어제도 센터의 공기가 너무 안 좋아서 저는 계속 기침을 했고
오전에는 20분간 계속된 기침으로
배가 아프고 등까지 바늘로 찌르는 듯한 통증이 오고 코피가 나고
마지막에는 갑자기 어지러워서 주저앉았습니다.
센터에서 119를 부를 수는 없으니까요.
오후에도 같은 증상이 반복되어
머릿속으로 '왜 내가 이렇게 힘들까' 하고 수십 번을 생각해 봅니다.
다른 사람보다 더 예민하고 까칠한 성격 때문일까?
스스로 되묻지만 내 안에서 여전히 답을 찾지 못해 일을 하면서도
생각은 생각의 꼬리를 물고 헤매고 있었습니다.

양파를 6개 잘 다듬고 예쁜 컵에 담아서
3개는 집에 놓고 3개는 센터 창문 앞에 놓았습니다.
집에는 건강하게 새순을 만들고 키도 자랐지만
센터에 놓아둔 양파는 일주일째 성장을 멈춘 상태입니다.
생존하기 위해 뿌리는 조금 자랐지만.
결론은 센터의 공기가 양파의 성장을 붙잡고 있었고
집에 있는 양파는 좋은 환경에 원대로 성장하고 있었습니다.
벌써 25Cm를 넘고 있고 센터에서 가져온 양파는
하루 사이에 새순을 틔우고 잘 자라고 있습니다.

이제야 왜 제가 이토록 예민하게 몸이 반응하는지 알았습니다.

암 투병을 하면서 제 몸은 살기 위해 스스로 생존하기 시작했고
저 또한 몸에 안 좋은 것은 알아서 거부하고
가장 친환경적인 식생활을 고집하며 살아가고 있었던 것을…….

전자레인지 조리는 세포의 근본적인 변이가 되게 해서,
그 음식을 사람이 계속해서 섭취하면
결국은 자신의 몸에 연탄가스처럼 쌓게 한다는 것을.
99%가 몸속에 찰 때까지 침묵의 장기 간처럼 내색하지 않다가
1%의 연탄가스를 먹어도 100%가 되어 사망합니다.

저는 과일이나 채소를 살 때 비싼 것보다
조금 상해도 모양이 예쁘지 않아도
경제성을 생각해서도 선호합니다.
자연은 무한한 재원이 아니라 유한하고
현재 우리가 쓰는 세상의 모든 것은 선대가 물려준 것이고
앞으로 우리의 자식들과 손주들이 살아갈 터전입니다.
할아버지의 세대, 부모의 세대, 우리들의 세대, 자식들의 세대
그리고 손자들의 세대까지 이어갈 우리들의 지구별.

저는 국적이 대한민국인이지만 또 다른 의미의 지구별 사람입니다.
언제나 타국인으로 보이는 외모는 이제 제게는 자랑입니다.
당당하게 지구별 대한민국 세현공화국의 세현국민 1호입니다.
남이섬이 나미나라 공화국이듯이,

'오늘도 행복하기' 목표를 정하고 나비의 꿈처럼
잠자리가 아닌 하루살이의 절박함으로 오래 견디는,
살아 천년 죽어 천년 묻혀 천년을 살아가는
3천 년을 살아가는 주목처럼
지구별 대한민국 세현공화국 세현주민으로서
아주 열심히 살아갑니다.

한 정거장 미리 내려서 시원한 공기를 즐기면서
천천히 느리게 가는 시간을 구경합니다.

다시 시작합니다

감사합니다.
이제 조금 시간이 나서 소식을 전합니다.

저는 서울을 떠나 대한민국의 가운데 청주에서 다시 시작합니다.
1999년에 품은 작은 꿈을 향해
다시 시작합니다.

세계를 품은 사람의 마음으로
세현에서
희망심기와 장학재단을 통해
꿈을 가진 작은 사람들이 모여서 함께 합니다.

가는 길은 서두르지 않습니다.
토끼의 목표는
느린 거북이지만
거북이는 눈앞의 토끼가 아닌
저 높은 정상이 목표였듯이
세현은 다음 세대를 위한
현재를 살고 있는 우리들의 의무와 책임을 요구합니다.

세상이 너무 각박하고 잔인하고 환경은 너무 힘들게 변했지만
그래도
우리의 선대는
좋은 환경, 깨끗한 공기, 가장 멋진 자연을
추억하는 사람들입니다,
우리가 파괴한 환경과 사람들과의 관계에서
모든 희망들이 사라졌다면

다시 시작해야 합니다.
그것이 비록 작은 씨앗을 심는 사람이라 할지라도
우리는 해야 합니다.
우리 삶에서 생활에서
작은 부분을 희생해서 다음 세대에 투자해야 합니다.

소리에 놀라지 않는 사자처럼
그물에 걸리는 않는 바람처럼
진흙에 물들지 않는 연꽃처럼
조금 힘들지만 그래도 힘을 내어서 가야 합니다.

부산에서 부는 새벽바람이 오늘 참 좋습니다.
너무나 많은 시간들이
흘러갔지만
땅에 쏟은 물같이 잃은 것은 어찌할 수 없듯이
그것에 연연해 하지 않을 겁니다.

《침묵의 봄》
《나무를 심는 사람들》
《분노하라》
세 권의 책이 주는 깊은 의미를 가슴에 새겨봅니다.
나무에 박힌 못이 뽑혀도
그 흉터는 남아 오래오래 기억되듯이

우리는 너무 연약해서
깨어지는 질그릇이지만 그것이 가슴에서 깨어질 뿐
처음에는 보이지 않습니다.
시간이 흘러 어느 순간 폭발할 때 그 힘은 제어하기 힘들 뿐이지요.
마음이 깨어지고 상처가 덧나는 것을 본 적이 있나요?
우린 언제나 자신만을 보는 너무나 작은 시안으로 살아가는
지구별의 한 종에 불과합니다.

사람들이 주는 모든 상처는
그 어떤 작은 소리라고 할지라도
결코 면역력이 생기지 않습니다.
안다는 이유로, 가족이라는 이유로,
함께 믿음의 길을 가는 사람이라는 이름으로
가해지는 모든 울림이 타인에게는 언제나 상처가 됩니다.

참 오랫동안 아팠습니다.
3개월을 천정만 보고 살았습니다.

이제 삶의 목표도 다시 정립하고 지난 세월 동안 내 안에서 늘
자라고 성숙하고 숨어있던 내 꿈들의 반란에
저는 당당하게 말할 수 있습니다.
지금부터 사는 삶은 한 개인이 아니라
세현이라는 이름으로 살아갑니다.
함께 하는 친구와 더불어 우리의 선대이신 부모님과 그리고
다음 세대를 이끌 우리 아이들에게
작은 희망을 심는 사람이 되겠습니다.

버팀목

오늘은 유난히 바람이 많이 부는 하루입니다.
산바람이 겹겹이 입은 옷을 파고들어 맨살이 춥습니다.
정화하는 겨울은 아무 말이 없습니다.
침묵과 기다림의 의미를 소리 없이 가르쳐 줍니다.

시시각각으로 다가오는 시간의 의미는
침묵으로도 책과 생각으로도 감당할 수 없는 무게입니다.
밖으로 나왔지만, 여전히 혼자인 자신을 봅니다.
온 세상이 모두가 홀로입니다.

교각이 무너져서 사람도 죽고
공사는 더 많이 지연되고 경비는 배가 되겠지요.
우리도 무게를 견디지 못하면 주저앉아 버립니다.
서로에게 버팀목이 되어 주는 것은 자신이 견디는 힘입니다.

새로 받은 2014년 다이어리는 여전히 미정으로 남아
새롭게 채워질 말들이 기다립니다.
생일과 기념일 새로운 만남도 있겠지요.
그중에 일주일의 하루는 자신의 날을 만들어서 보내려 합니다.

무심했던 자신에게 용서를 구하고
언제나 어떤 일에 밀려서 늘 잊고 살았던 자신을
최우선으로 생각하는 새로운 삶을 살려고 합니다.
잊힌 자신의 이름으로 다시 살아가는 것이 새해의 희망입니다.

공동체

비워지는 5월 시작하는 6월의 기로에서
가정이라는 공동체가 주는 기대와 사랑을
서로에게 보여주고 받던 시간
이제 국가라는 공동체가 우리에게 어떤 의미로 다가올까요?
극단적인 또는 단체적 목적 대상이 되어 버린 국가 의식

국가도 개인도 서로 필요한 존재입니다.
나라가 없다면 부모가 없다면
어쩜 개인도 자신도 존재할 수 없습니다.
'국가가 나에게 무엇을 해주기보다는
내가 국가를 위해 무엇을 할 수 있는가'를
먼저 생각하라는 말이 생각납니다.

모두가 내 시간 내 돈만 생각하는 작은 생각에서
내 가족 우리라는 개념으로 넓게 본다면
나의 작은 손해는 전혀 부끄럽지 않습니다.
좀 더 하고 싶고 더 생산적인 생각을 하고
더 발전하기 위해 힘을 모으면
선열들의 희생과 조국에 대한 조건 없는 사랑을 이해할 수 있습니다.

내가 나이가 많다고 국가 유공자라고 또는 장애인이라는 이유로
힘들게 일한 젊은 아이들의 자리를 당연히 양보 받고
그들이 평생 벌어서 이 사회가 돌아감을 알 때
때로는 미안하고 고맙기도 합니다.
나이가 늘수록 건강노 챙겨서
가정과 국가에 짐이 되지 않아야 합니다

6월은 제게 특별한 달입니다.
반년을 정리하고 다시 남은 반년을 더 알차게 보내기 위해서
하루하루가 너무 소중한 날들입니다.
지금 제 앞에 있는 기회들은 선열들이 남겨준 선물입니다.

스승

스승이라는 불리는 사람들은 특이하지 않습니다.
세 사람이 함께 길을 갈 때에도
그중의 한 사람은 스승이 될 수 있습니다.
생각과 행동 그리고 멀리 보는 안목이
우리의 성장을 도와주기에 스승이 될 수 있습니다.

처음으로 전학을 가서 알게 된 낯선 환경에서
사투리로 친구들의 놀림감이 되어 늘 외롭고 고향이 그리울 때
따뜻한 선생님의 말씀 한마디의 위력은 대단했습니다.
누군가가 날 생각해 준다는 의미는 극복할 수 있는 디딤돌이 되니까요.

아주 여러 선생님도 있습니다.
사랑이 부족하고 잔인하기도 해서 오히려 학교에서 버려진 선생님
교육대학을 마치고 처음 부임해서 열정으로 가르쳤던 선생님
평생 결혼도 안 하고 학생들과 노년을 맞이한 나의 선생님

학교를 졸업하고 10년이 지난 어느 날
우연히 길에서 선생님을 뵙던 날에
여전히 날 기억하고 학업을 염려하던

나의 선생님의 기억 속 작은 자리에 남겨진
내 모습을 보면서 행복했던 그날의 추억이
지금도 힘이 됩니다.

우리에게 스승은 정해져 있지 않습니다.
부모님도 형제도 친구도 때론 인생의 스승이며
세상이 빠르게 지나는 현실에서는 자녀도 때론 스승의 역할을 합니다.
현재는 우리가 경험하지 못한 가장 특별한 세상이니까요.

오늘 하루 나의 스승은 누구일까 생각해 봅니다.
그것이 미래를 열게 하니까요.

무조건 감사

자신의 아픔만을 들여다보느라 방안에 갇혀 있습니다.
지인의 방사선 치료 부작용으로 피부가 괴사하여
통증 치료를 병행하는 것을 보고서야
자신이 얼마나 감사한지 알았습니다.

하루를 견디는 것이 참으로 힘이 들었는데
친구는 하루가 있어 무조건 감사하다고 했습니다.
더 크게 웃고 더 많이 감사하다는 말에
나의 욕심을 보았고 아직 기회가 있음을 보게 됩니다.

마음을 다시 본다고 잠시 공원에 왔습니다.
하늘공원의 바람처럼 내 안의 바람도 몹시도 불고
내 맘에 있던 소소한 생각들이 바람을 타고 날아갑니다.
어깨의 짐들이 하나둘씩 내려지니 편안합니다.

반가운 사람이 다시 찾아오니 옛정이 사무치게 그리운 줄 알고
해바라기의 마음이 되어 보낸 밤들이 시간이 주는 선물임을
자신과 타인과의 적당한 평행선이 서로에게
또 다른 사랑임을 알게 합니다.

노자의 스승이 웃자라고 말합니다.
웃음만이 다른 기회를 만들 수 있는 문이기에
인색한 내 웃음을 단죄합니다.
오늘 하루가 있어 무수한 시작들 중에 선택할 기회를 봅니다.

인연의 힘

효 사관학교에서 교생실습을 했습니다.
유치원 아이들 25명의 눈을 보면서
짧은 30분은 펼쳐진 학처럼 절 바로 보게 합니다.
아이들의 눈동자에서 우리들의 모습이 보이는 것은
아마 세월 탓이겠지요.
50개의 눈동자 속에 갇힌 과거와 현재
앞으로 드러날 미래의 모습이 모두 있습니다.

수많은 인연의 힘으로 산다는 것은
지금까지의 인연 때문에 힘이 되어 살아간다고 합니다.
인연도 자신이 가진 마음의 창을 통해서 보이는 꺾인 렌즈처럼
힘이 들지만 그래도 천천히 걸어갑니다.
하늘과 땅의 가장 큰 덕은 살아가는 것이기 때문입니다.

흐리던 날씨가 점점 맑아지는 것은
하늘 높이 천천히 흐르는 바람의 힘 때문입니다.
밝은 햇살에 세상은 열기로 가득 차고
우리는 자연의 영향력 아래 작은 존재입니다.
사람의 눈 속에 들어 있는 모든 언어 중에

가장 소중한 언어는 믿음을 동반한 눈빛입니다.
웃음 속에 감추어진 믿음을 읽고 다시 미소로 답을 합니다.

밤새 내리던 비 속에 아침은 청아한 날씨가 되어
창문을 활짝 열어 봅니다.
공기 냄새가 참 좋습니다.
비와 바닷바람과 산바람이 혼합되어 사람의 마음 같습니다.
보이는 부분보다 보이지 않은 더 많은 부분이 존재하기에
그곳에 희망의 씨앗을 심어봅니다.
남에게 주었던 그 많은 희망 중에 하나는
자신을 위한 희망으로 가슴에 품어 봅니다.

5월도 가려 합니다.
대연수목원의 라일락 향기는 바람결에 멀리멀리 날아갑니다.
감사는 가장 강력한 항암제요 치료제이며 방부제라는 말이
더 실감 나는 5월
사랑도 감사도 자신의 표현법에 따라서 나비효과처럼 퍼져나갑니다.
우린 부모이고 자식이고 형제이며
동시에 독립된 사람임을 다시 한번 생각합니다.

늦은 밤,
거리의 악사

사상역 사거리에서 울려 퍼지는 북소리는
모든 것을 멈추어 버리게 합니다.
소리에 이끌려서 그곳으로 가니
평생학교 팀의 8명의 멋진 연주였습니다.
예쁜 옷과 모양 그리고 율동까지 신명 나는 연주는
순간 저의 오장육부를 흔들어 놓을 만합니다.
순간 떠올랐지요.
경로대학에서 장구를 멋들었지게 치는
모시옷을 곱게 입은 나의 어머니를

개구리는 아름다운 꽃과 나무들이 있는 멋진 연못에 살고 있습니다.
하지만 개구리가 볼 수 있는 유일한 것은 파리뿐이라고 합니다.
환상적인 멋진 경치에 둘러싸여 살면서도
주변의 아름다움을 볼 수 없는 장님이라니 참 슬픕니다.

처음으로 찾은 웃음교실에서 경직된 제 모습 때문에
강의하시는 분이 힘들어합니다.
어찌하나 판단하는 자리가 아니라 어떤 것인가 궁금해서 갔지요.
십 년 전 호스피스 교육(임종 봉사자 교육) 때 들은

웃음치료가 생각났습니다.
삶의 자리는 달라졌지만,
여전히 사람과의 관계는 언제나 어렵습니다.

늦은 밤, 거리 악사의 연주에서
제 젊은 날의 합창단의 모습이 보였습니다.
단돈 천 원밖에 건네주지 못했지만,
악사는 온 힘을 다해 노래합니다.
점점 사람들은 많아지고 어느새 어깨는 들썩이고
자신도 모르게 따라 불려봅니다.
내 안의 나도 광대가 되어 밤을 즐겁게 합니다.

한 주는 행복한 일들이 참 많았습니다.
베풀기보다는 받은 것이 넘치니 무슨 복인지 모르겠습니다.
저 또한 다른 사람에게 나누어 줄 수 있는
가치 있는 사람이 되었는지 자문해 봅니다.

조석으로 달라지는 기온은 사람의 마음을 움츠리게 합니다.

지하철에서

지하철에서 우리들의 일상을 봅니다.
터널 같은 인생 속에 아름다움과 거부를 보면서
아! 살면서 쓸데없는 욕심은 스스로 버릴 줄도 알아야 함을
버려서 다시 새로움으로 채워지는 기쁨을 봅니다.

10대 아이들의 영악함과 자기 계산적인 생존본능
20대의 더 받고 덜 주고 자기 안의 상처를 남기지 않는 버림의 미학
아름다운 부부의 함께 웃으며 늙어가는 모습도 예술입니다.
늙음을 거부하고 10대의 옷차림에 얼굴은 50대 후반을 보면서
저는 고개를 돌렸습니다.

시간은 흐르는 강물처럼 조용히 흘려 가는 것
모두에게 같은 시간이지만 사용자의 능력에 복리 되는 시간 인생
진정으로 마주 바라볼 용기가 없을 때 작별을 하고
악으로 산다는 것은 때로는 자신을 잃어버리기도 합니다.

지하철이 종점을 향해서 가는 동안 많은 생각이 날 찾아옵니다.
무수히 타고 내리고 웃고 팔고 강아지의 소리에 아이 투정까지
눈은 그들을 보고 있지만,

마음은 허공 속에서 무엇을 찾으려 맴돌고 있습니다.
너무 잃어버린 것이 많아 기억나지 않는 인생.

백 년 인생을 볼 때 절반은 살았으니
이제는 덤으로 새로움에 도전합니다.
시도하지 못한 것에 대한 나의 사랑입니다.

보이는 것들의 허상

비가 내리는 날에 육거리 시장으로 버스를 타고 나가 봅니다.
육거리 시장에 가기 전에 청남초등학교가 있습니다.
정문은 굳게 잠겨 있고 어린 아들을 앞세우고 어머니는 학교 문을 들어섭니다. 굳게 닫힌 정문 옆에 중문을 들어서는 모습이 왜 그리 마음이 아픈지요.

첫 월요일을 시작하는 시간, 가장 기쁜 모습으로 들어서는 학교 정문은 닫혀있고 옆문으로 들어서는데 반기는 사람도 없이 뒤 모습은 마냥 쓸쓸하게 보였습니다.

한 사람의 인생이지만 그 한 사람이 학교를 바꾸고 가정을 바꾸고 그리고 우리들의 미래를 바꾸는 중요한 사람이라면 적어도 정문은 활짝 열려 있어야 한다고 생각합니다.

오늘도 온종일 비가 내립니다. 신선한 공기와 바람은 더없는 행복의 조건이 되어 우산을 든 손에 자연스러운 힘이 더해집니다.
행복은 돈도 아니고 가진 것의 풍성함도 아닌 가장 작은 것을 스스로 누릴 수 있는 마음입니다. 어떤 상황에서도 자족하고 즐길 수 있는 마음이 있다면 천국은 바로 지금이라고 말하고 싶습니다.

가만히 집을 나와서 천천히 사방을 둘러봅니다.

조선시대의 개국공신인 한명희가 세상을 어떻게 평가하며 살았을까?

국사봉을 오르면서 그 시대 한 사람의 고민을 다시 생각하면서, 오르는 길에 핀 둥굴레꽃과 아카시아 그리고 지천으로 깔린 이름 없는 꽃들의 향연에 저는 낯선 사람이 되어 온몸으로 그 향연 속에 빠져봅니다.

심지도 아니하고 거름 한번 주지 않았는데 땅이 주는 소중한 것들을 무상으로 먹으니 무슨 횡재인지, 장록을 잘라서 무치고 두릅을 김치하고 부침하고 데쳐서 초장으로 먹고 튀겨서 간장에 먹고 땅두릅, 산두릅, 뽕나무 잎에 쑥에 미나리에 머위에 돌나물과 엄나무 순 그리고 지천으로 깔린 새순들을 따면서 그저 감사합니다만 땅에 대고 인사합니다.

청주도 조금씩 조금씩 정이 들어갑니다. 아무도 아는 사람이 없어도 자매이기에 저는 낯설지가 않습니다. 모두가 대한민국의 사람이고 모두가 한 형제자매이기에 저는 낯설지가 않습니다.

한 사람 한 사람의 모습에서 어딘가 닮은 우리들의 모습이 있기에 정겹고 풍성하고 아름답다고 생각합니다.

나누기를 좋아하는 한국 사람들은 정치도, 학교도, 기업도, 지방도, 종교까지도 모두가 줄을 만들어 갑니다. 스스로 벽을 만들어서 먼저 타인에게 허물라고 요구하지만 점점 자신 안의 벽은 더 높아만 가고 그래서 타인과의 거리는 더욱 멀어지지요.

  가까이 다가가기를 망설이는 것은 자신 안에 욕심이 너무 많아서 용납되지 않는 것으로 생각합니다.

이별이 주는 무한의 선물을 지금 누리면서 살아갑니다.

  모든 것에서 저 자신은 잊혔지만 낯선 청주에서 그보다 더 풍성한 것으로 매일매일 채워지는 자신을 보면서 더더욱 감사하며 살아갑니다.

  시골 촌부처럼 보이는 모습은 초라하지만 꿈은 더욱 현실성 있게 진행되기에 가는 길에 힘이 넘쳐납니다.

  행진하는 여전사처럼.

새로운 길을
　　가는 사람은

우리는 매일 같은 일상에서 삶을 살아가지만
그래도 늘 같은 길은 아니라고 생각합니다.
만나는 사람들이 같다고 생각하지만 늘 성장과 멈춤이
자신 안에서 증폭되고 사멸되는 시간의 교차라고 저는 느낍니다.

청주에서 낮에 버스를 탔습니다.
10시쯤 버스를 탔는데 저는 충격이라는 말 밖에는 할 수가 없습니다.
버스 틈에 앉은 어르신을 자리에 앉히기 위해 버스 안을 보았을 때
그 많은 사람 중에 젊은 사람은 다섯도 되지 않고
조금 후에 아기와 함께 탄 새댁이 없다면 차 안에는
어르신만 타는 정말 심각한 현상을 볼 때 대한민국의 미래를 생각합니다.

어르신들의 남겨진 긴 인생의 여정을 과연 무엇으로 채워질 수 있을지
시간과 삶의 조율과 세월의 지식은 모두 어디에 사장되어 있는지
세대 간의 불균형과 불협화음으로 이미 고함치고 난리인데
우리는 준비 없이, 배려 없이, 블랙홀 같은 노년과 청년
그리고 다음 세대인 아이들까지
함께 지금을 살아가고 있는 세상에서 모두가 외롭습니다.

기차를 타고 서울로 갑니다.
이사를 했지만 그래도 남겨진 사무 처리를 위해서 다시 서울로 가는 길에
기차에서 여섯 살 어린 소녀의 혼잣말이
객실로 향하는 저의 온몸을 그 자리에서 멈추게 합니다.
"아 이제 쉬고 싶다." 소녀의 엄마는 표정 없이 그냥 서 있을 뿐입니다.
우리는 그 소녀에게 얼마나 많은 현재와 미래를
죽이며 살게 하는지 모르겠습니다.

버스에서 유일하게 탄 모자는 참으로 예쁘고 감사한 모습입니다.
어르신들의 눈빛에서 작은 사랑들을 보았을 때
모두의 바람은 다음 세대의 건강함을 원한다는 것을 알았습니다.
꼬마 신사는 엄마에게 묻습니다. 끝도 없는 질문 공세 "엄마 이게 뭐야"
엄마의 대답은 단순합니다. 꽃, 버스, 차, 자전거…….
질문은 동일해도 대답은 더 정교하고 멋들어지게 설명해야 한다는 것에
왜 저는 마음이 아픈지 모릅니다.
미래는 엄마가 자녀에게 답해주는 여러 설명이 만들어 가는 것을 알기에

우리에게 작은 바람이 이제는 필요합니다.
소외된 이웃의 이야기를 들어줄 1분의 시간 배려 그리고
어르신과 허물없이 대화할 수 있는 마음의 눈을 가지는 5분간의 사랑,
서로 소통할 수 있는 일정 분의 시간을 다음 세대에게 주어야 합니다.
급하지 않은 우리의 여유가 선대와 후대를 더욱 굳건히 하는
디딤돌이 되는 것을 알기에 잠시 내려서
버려졌다는 배신감에 마음을 다친 새터민 사람과 데이트를 합니다.

세 사람의
잣대와 규칙

우리는 세상을 살아가는 동안 여러 경험을 합니다.
저는 8월 6일 새벽 운동 중에 참으로 다른 사람의 생각을
잠시 볼 수 있었습니다.

다리 밑 불광천 하천에서 산책을 하다가 잠시 쉬기 위해
빈 공간에 설치된 평상이 좋아서 그 위에 바로 누워버렸습니다.
하지만 먼저 온 세 사람 중 한 사람이
지금은 운동을 해야 하니 저 끝에 가서 누우라고 하기에
자리를 옮겼습니다. 그냥 누워 있기가 뭐 해서 일어나
요가에 내 맘대로 동작을 섞어서 기본 운동을 했습니다.
그런데 자기들은 10년째 돈을 주면서 운동을 하니
자기들의 방식과 다르게 운동하는 나를 볼 수 없다며
운동하지 말고 그냥 가라고 했습니다.

글쎄 10년의 세월 동안 다른 삶이 형성되어 가는데
여전히 과거에 매인 생각으로 타인을 재고하니
함께 공유할 수 없는 공간을 조용히 나왔지만
마음 한편에는 씁쓸한 생각이 들었습니다.
이제 세 사람의 그들만의 방식에, 나이에, 경험에 밀려서 나왔지만

나는 그들의 규격화된 틀을 보면서
내 자신은 더 자유로운 영혼이길 바라봅니다.

언제나 이 시대의 칭기즈칸처럼 당당하게
나의 꿈을 향해서 살아가렵니다.
나의 꿈은 늘 진행형이고 천천히 그러나
결코 포기하지 않고 걸어갈 것입니다.

빠른 토끼가 느린 거북이를 목표로 삼고 경주를 했다면
느린 거북이는 눈앞의 토끼가 목표가 아니라
멀리 있는 정상을 목표로 삼고 그곳을 향해 쉬지 않고 걸어갑니다.

또한 겨자씨의 씨앗처럼 환경에 잘 적응하는 것은 없습니다.
일본인이 작은 화분에 분재로 키우면 그것에 맞게 분재 크기로 자라고
미국인이 넓은 초원에서 키우면 거대한 거목으로 자라납니다.
한국의 주목은 살아 천 년, 죽어 천 년, 묻혀 천 년을 사는 나무입니다.
주목을 통해 느림의 삶을 보는 것도 참 좋습니다.
미국의 요세미르 공원에 있는 주목은 수령이 오천 년이 됩니다.
살아 오천 년, 죽어 천 년, 묻혀 천 년이면
7천 년의 세월을 산다고 생각할 수 있습니다.

세상에 살면서 이렇게 변화하는 환경을 뭐라 해야 할까요?
사람의 좁은 생각은 자연에 비하면 아무것도 아닙니다.
작은 물고기 코어는 유리 항아리에 키우면 10cm로 자라고
수족관에 키우면 80cm로 자랍니다.

그러나 제한 없는 바다에서는 1m 50cm로 거대하게 자라 살아갑니다.
환경에 순응하면서도 언제나 변화에 따라 작은 물고기는
그 기회를 결코 놓치는 법이 없습니다.

기회는 찾아오는 것이 아니라 스스로 만들어 간다는 말을
뼛속 깊이 새기는 하루였습니다.

이른 아침에 세 사람의 잣대와 규칙이 오히려
내 안의 잠자던 칭기즈칸의 거인을 깨우는 계기가 되었습니다.
이 또한 감사합니다. 다시 내 삶을 바라보고
주도적으로 살게 되었으니 정말 감사할 일이 아닌가요.
다시 나의 여행을 시작하려 합니다.
나를 사랑하고 존중하면서 세현의 리더로서
언제나 준비하고 감사하며 살아야겠습니다.

이슬비가 내리는 새벽,
신선한 공기와 같은 멋진 하루가 열리니 나의 행복입니다.

어둠이
　물러나는 시간

어둠이 물러나는 시간 어느새 동문천의 개천은
물안개로 아침을 준비합니다.
단풍나무는 긴 겨울을 준비하느라 색깔 옷을 입고
무게를 견디지 못한 대추는 땅으로 열매를 내려놓는 아침,
몹시 추운지 운동하는 사람이 참 많이 줄었습니다.
한 번은 쉽고 계속은 예술이라는 말이 가슴 깊이 다가옵니다.

사람마다 자신의 나이와 지식 그리고
경험에 잣대로 다른 사람을 평가합니다.
자신을 타인에게 평가당하는 것은 생각도 못 하겠지만
우린 그렇게 단순하기도 합니다.
우리가 나이만큼 많은 이해의 렌즈를 갖게 된다면
서로에게 멋진 사람이 될 수도 있습니다.
렌즈는 약간의 거리를 요구하고 그 거리는 이해와 기다림으로
잠시 너그러워질 수도 있기 때문입니다.

가던 길 잠시 멈추어 서서 할아버지와 할머니를 바라봅니다.
두 분이 손을 잡고 있지만, 시각은 전혀 다릅니다.
할아버지는 그저 앞을 향해서 무작정 걸어갑니다.

손만 잡았지 마음은 다른 곳에 있습니다.
할아버지의 바쁜 걸음에 지친 할머니는 급하게 따라갑니다.
어찌 보면 그 모습이 애처롭습니다.
뒤를 돌아보면서 웃으며 천천히 얼굴을 보고 간다면
여행 같은 길을, 끌고 끌려가고 있으니까요.

설계도 없이 지어진 집이 없다고 합니다.
마찬가지로 우리 인생도 자신의 입에서 나오는 말로
과거가 아닌 현재와 미래의 집을 지어갑니다.
바쁜 걸음이 아닌 더불어 걷는 길은
이야기가 있고 추억이 있어 참 재미있습니다.
지금 누리지 않으면 안 되는 귀한 시간 그냥 스쳐 가게 하는 것은
자신의 인생에 올바른 선택이 될 수 없습니다.

가장 가까운 사람이 너를 위해서 하는 말이라는 말로
상처가 되는 말을 무심코 합니다.
그 말 때문에 친구는 며칠 동안 울었다고 합니다.
덕분에 친구는 신중하게 말을 선택하게 되었고
자신의 잣대로 다른 사람을 평가하지 않고
어쩌면 그 사람도 그 순간이 최선이 아닐까 하고 믿어줍니다.
묵묵히 기다린 시간은 길지 몰라도
상대에게 가슴에 상처를 주지 않고 믿음이 생깁니다.

좋은 목소리

아이들은 축복을 받기 위해 이른 새벽예배에 참석했습니다.
아이들의 얼굴에서 우리의 미래를 봅니다.
멋지고 아름다운 아이들의 특별 찬송이 끝난 후
자신이 앉은 자리에 대한 다툼이 있었습니다.
자신이 먼저 앉은 자리에 다른 아이가 앉자
내 자리라며 벌써 소유에 대한 다툼을 합니다.

인생 오십을 넘어 보니 삶을 보는 시각도
점점 여유로워지고 편안합니다.
그래도 우리는 자리에 대한 욕심은
세월이 지날수록 더 강해지고 집요합니다.
때로는 물질이 그 역할을 대신해 자신만의 자리를 만들기도 합니다.
역사를 보면 파도타기와 같이
늘 변함이 없었던 적은 단 한 번도 없습니다.

가고 오고 하는 모든 역사의 흥망성쇠도 물처럼 흘러갑니다.
위대한 왕도 평범한 사람도 그리고 손가락질을 받던 사람일지라도
역사는 모두 그냥 찰나의 사람으로 한 줄도 되지 못한 이야기일 뿐입니다.
우주에서 그 작은 대한민국 그보다 더 작은 서울에서 삶은 치열합니다.

새벽에 길을 가다가 생선가게에서 미처 팔지 못한
멍게가 고스란히 한 상자가 남겨 있어 자세히 보았습니다.
싱싱한 멍게 12묶음이 그대로 밤이슬의 친구가 되었지요.
밤새 많은 사람이 시장통을 지나갔습니다.
또한, 많은 생각이 그 위에 흘렀지요.
지금까지 그대로인 것은 아직은 사람들이 정직하고
살만한 세상임을 알게 하니 감사하지요.

일이 있어 저는 자주 서울 지하철을 이용합니다.
사람과 섞이는 맛이 지하철만 한 곳은 없습니다.
사람들과 잠시 부딪치지만 늘 제게는 많은 생각의 보고이기도 합니다.
앉은 자리에서 책을 보던 중
밤을 잊은 그대의 별 밤 지기였던 이종환 님의 목소리처럼
남자분의 멋진 목소리는 참 듣기가 좋았습니다.
이토록 좋은 목소리를 듣는 제게는
갑자기 시간의 선물을 받은 사람 같았고
책을 보며 몹시 행복해하고 있었지요.
안내 방송이 끝난 후 여러분이 내렸고

옆에 있던 남자분은 무엇이 마음이 불편했는지
갑자기 그 좋은 목소리로 욕을 하고 남을 트집 잡기 시작했습니다.
행복한 마음도 잠시 저는 너무 맘이 불편해서
내려야 할 역도 아닌데 그냥 책을 접고 내렸습니다.

축복의 목소리를 가지고 있으면서 마음은 모나고 틀어져서
가장 가까운 사람에게 막말을 한다면
다시 만나고도 보고 싶지도 않습니다.
어쩌면 마음의 공해 같아서 저도 모르게 귀를 씻고 싶었습니다.
좋은 날 서로에게 좋은 말을 해도 짧은 인생길에
혹시라도 제가 타인에게 그러하지 않았나 생각해 봅니다.
우린 서로에게 함부로 할 권한도 없으며
세상에 대해서 작은 배려도 하지 않는다면 모두에게 민폐입니다.

인생의 틀 속에서

작은 물건을 배달하기 위해 빙수 가게에 갔습니다.
여러 편리를 봐주고 언제나 웃는 모습으로
저의 요청을 들어 주었던 그분께
작은 성의로 팥빙수를 2개 주문해서 배달을 부탁하였습니다.
들려오는 소리는 한마디로 거절입니다.
불평 섞인 목소리로…….

경기가 안 좋다며 입에 자석처럼 여기저기에서 한목소리를 내지만
1분의 거리에 있는 배달 장소도 한마디로 거절하고
얼굴 표정과 목소리는 자신뿐 아니라 타인에게
거침없는 말과 찡그리는 모습에서
우리들의 경기 호전은 기대하기 어렵지 않을까 싶습니다.

1%의 자기 개혁은 중간에 포기하거나 후회가 있을 수 없습니다.
타인이 아닌, 다른 단체가 아닌 먼저 자기 자신부터
소리 없는 개혁이 필요합니다.
너무 많은 것을 기대하면 우린 힘들고 자신에게 부담되거나
상처를 주고받기도 합니다.
하루 중 가장 작은 변화, 그것은 자신을 향해서 먼저 해야 합니다.

속초에 다녀왔습니다.
여러 사람과의 만남은 세상에 대한 또 다른 눈들을 가질 수 있어
여행 중에 갖는 멋진 순간들이 많이 있었습니다.
잠시 들을 수 있는 낯선 사람들의 인생사는
내 삶이 얼마나 복되고 희망적인지를 알게 합니다.
표정 없는 그들의 모습은
대한민국의 어디에나 같이 희망을 스스로 포기한 모습입니다.

우리는 수입 구조에서 이익은 많이 갖기를 원하고
누리기도 더 많이 하는 것이 관리자라고 생각합니다.
그러나 주어진 시간 속에 무심코 하는 행동들이
함께 일하는 사람들에게 전염되는 것은
옛말 그대로 "윗물이 맑아야 아랫물이 맑다"는 말이
여전히 진리임을 21세기에도 동일하게 적용되고
사람만큼 변화를 싫어하면서도
신세계가 주는 새로움은 더 누리려 합니다.

"오늘 빛나지 않으면 내일은 이슬"이라는
어느 작가분의 말이 새삼 가슴에 남습니다.
주어진 하루를 더 빛나게 만들지 않으면
우리는 그저 하루살이보다 못한 하루를 보내게 됩니다.
자신이 꿈을 향해서 걸어갈 때
타인도 그를 보면서 자신의 꿈을 향해 도전할 수 있습니다.
꿈은 꿈을 이끄는 묘한 마술 같고

전염성이 강한 살아 있는 존재입니다.

작은 역 안에 새가 갇혀서 여기저기 나갈 곳을 찾지만
한 시간째 유리성에 갇힌 것처럼 힘들어 보입니다.
아무리 날아도 유리창에 부딪혀서 다시 제자리에 돌아옵니다.
들어올 때는 무심코 들어왔는데
유리가 주는 거리에서 방향감각을 상실한 채
새도 어쩌지 못하는지 계속 시도하지만,
힘이 빠져갑니다.

우리도 갇힌 새처럼 인생의 틀 안에서
세상의 규칙 안에 갇혀 있는지 모릅니다.

감사

공공근로 일하시는 분들을 보았습니다.
적은 돈이지만 감사히 일하는 분도 있고 그렇지 아니한 분도 있지요.
그날은 마음이 많이 안 좋은지 내내 담배꽁초를 주우시면서
연신 화도 내시고 알 수 없는 욕도 하십니다.
불평 섞인 목소리와 욕을 들으면서 지나가는
제 마음이 말할 수 없이 무거웠습니다.
그냥 묵묵히 일하시면 오히려 감사해서 인사를 할 수 있는데 말입니다.

어느 고등학교에서 화장실 청소를
일당제로 일반 용역회사에 의뢰했습니다.
두 분이 화장실 청소를 하면서 연신 욕을 하고
아이들과 부모님을 야단하면서 불평했습니다.

안에서 불평을 듣고 나오신 교장 선생님께서는
"그래서 화장실을 청소하는 데 당신들이 필요하지 않으냐.
화장실을 엉망으로 사용해서 당신들이 일할 수 있으니 감사하라"는
그 말이 문득 생각납니다.

우리는 가정 안에서 자녀들을 무척 귀하고

소중한 사람으로 키웁니다.
그러나 인생은 가정에서의 삶보다
사회에서 보내는 시간이 열 배 이상은 되지요.
내 아이는 상관없다는 교육이 사회에서는
모두 그렇게 망가지고 규칙도 질서도 없게 되었습니다.
자기 집에서 내 아이가 가장 좋은 재목으로 자라길 원한다면
더 바르게 가르쳐야 합니다.

겨우내 생선가게는 특별한 생선이 없어서
지나가면서도 별로 신경을 쓰지 않았습니다.
오늘은 생선가게에 멸치가 살이 올라 한쪽에 있습니다.
빛나는 살결이 군침을 돌게 합니다.
부산 용두산 공원 밑에는 통영 멸치 쌈밥 집이 있습니다.
멸치로 쌈밥을 먹는데 그 맛이 일품입니다.
가끔 외부의 손님이 오시면 접대를 했는데 모두 대만족했지요.

함께 일할 때는 모두 친구였는데
서로의 이익이 다르고 가는 길이 다르다고 모두 제 길로 갔습니다.
언젠가는 서로의 이해가 맞을 때 다시 만나겠지만,
추억은 마음에 남아서 멸치가 그 자리에 있습니다.
서울에서는 그렇게 통통한 멸치는 잘 보지 못합니다.
빛나는 은빛 멸치는 가장 예쁘게 포장되어
지나가는 사람들의 눈빛을 사로잡아
따뜻한 저녁 찬으로 유혹합니다.

제철에 잠시 왔다 가는 작은 멸치도 추억을 더 하니
마음이 풍성해지고 가는 걸음을 즐겁게 하는데
우리 사람은 과연 가장 가까운 사람에게
그렇게 따뜻한 추억으로 남아 서로 보면서 웃을 수 있을까요.
같은 그룹, 같은 동문이 아니면 싸늘한 시선에
저는 어느 곳에 눈빛을 주고 마음을 주어야 할지
내 눈빛과 마음은 집시가 되고 타향 인이 되어
머물 곳을 찾지 못해 오늘도 슬픈 날이 되었습니다.

많은 시간이 필요한 것도 아니고
더 많은 재물로 포장하지 않아도 있는 그대로
작은 미소 하나 안부의 말 한마디
함께 들어줄 5분간의 시간이
우리 모두의 삶을 얼마나 풍성하게 하는지 모릅니다.
그런 사람이 귀한 세상 그래서
더 많은 친구가 필요한 세상에
그 사람이 되길 간절히 원해 봅니다.

모두가 그렇게 될 수는 없지만,
함석헌 님의 말처럼 그 사람이 되어
다른 사람에게 그 사람이 되길 바랍니다.

두 번째

행복, 소소한 일상

소소한
행복 찾기

이른 아침 컴퓨터를 배우기 위해 버스를 타고 대화역으로 갑니다.
중국에서 수입한 버스는 전기를 충전해서 운행을 하는데
겨울에는 전기 배터리 양이 부족해서 버스 안은 춥고 발이 시립니다.
사람이 가득 차면 그때야 조금 언 발을 녹일 수 있습니다.
조금만 더 충전할 배터리가 있다면 따뜻하게 버스를 이용할 수 있는데
지역 행정은 어째서 차일피일 미루며
승객의 편의를 무시하는지 모르겠습니다.

저는 지금도 불면증에 시달리고 있습니다.
밤에 잘 자기 위해 낮에 얼마나 뛰어다니는지
몸이 지칠 정도로 애를 씁니다.
하지만 언제나 두 시간의 잠을 청하고 나면 깨어 움직이게 됩니다.
그래서 하루에 한두 번은 정신을 놓고 잠에 취하기도 합니다.
오늘도 새벽 2시에 기상해서 움직였으니
아침부터 버스 안에서 잠이 옵니다.

긴 시간 가는 차 안에서 자신도 모르게 잠이 들었습니다.
버스에서 나오는 안내방송에 깜짝 놀라서 일어나니
낯선 청년의 어깨를 베개 삼아 참 편안하게 잠을 자고 있는

자신을 보니 창피했지만 그 청년이 편하게 말을 하니
매우 고맙고 감사했습니다.

순간 나도 모르게 "미안합니다." 했을 때
그 청년은 "괜찮습니다." 합니다.
요즘 젊은 사람이 아닙니다.
젊은 사람들은 너무 개인주의라 자신만을 먼저 생각합니다.
우린 대나무처럼 함께 뭉쳐야 사는데 말입니다.

 전철을 타면 참 보고 싶지 않은
장면을 보아야 하는데 오늘은 용기를 내어서
여성분에게 말을 해봅니다. "지금 화장을 멈추면 안 될까요?"
여성분은 왜 그런 말을 하는지 이유를 모릅니다.
타인을 배려하지 않는 행동입니다.
첫째는 스스로 함께 탄 승객들에게
"난 게으른 여자입니다" 하고 광고를 하는 것이고
둘째는 다른 사람의 감정을 배려하지 않고
자신만이 하면 그만이라는 이기심이고
셋째는 인생에서 시간을 잘 분배해서 사용하지 못하는 사람이고
넷째는 전철 안에 공기를 더럽히는 행위이며
다섯째는 다른 여자도 그와 같을 것이라는 것을
남성에게 인지시키고 여성의 지위를 스스로 깎아버려서
차세대 남성과 여성에게 무엇이 에티켓인지 구별을 못해서
다른 상황을 유발합니다.

황제를 위한
콘서트를 보고

어제는 지인의 연락으로 종로 문화재단에서 진행하는
'황제를 위한 콘서트 2'를 관람했습니다.
처음에는 관람 장소인 무계원이 절인 줄 알고 조금 망설였지만
그래도 우리의 국악 향연이라서 주저 없이 약속한 장소로 갔습니다.
버스는 인왕산을 돌고 돌아 부암동 주민센터에 닿았습니다.
그곳에 내려서 근처의 주민에게 물었습니다.
무계원은 작은 터 안에 오밀조밀한 모습으로
한옥의 멋을 한껏 자랑하고 있었습니다.

이미 입구에서 사물놀이의 소리가 산 입구에서 흘러나오고
저도 모르게 가벼운 발길로 걸어갔습니다.
고종 황제를 위한 콘서트는 우측 안쪽에서
고종황제의 복식을 갖춘 사람이 의자에 앉아서 사면을 보고 있습니다.
흥겨운 사물 몰이와 최종실 님의 소고춤은
앉은 내내 흥에 겨워 혼자 흔들어봅니다.
하나의 소고춤에 맵시며 손놀림, 그리고 손끝과 발끝의 추임새가
내게는 낯설지도 않는 모습입니다.

어쩌면 작은 공간에서 연주자와 관객이

서로에 대한 마음을 내어놓고 한 판 흥으로 웃고 즐길 수 있는 것은
각자 한 사람 한 사람에게 주어진 장소에서 오는
너무나 큰 선물입니다.
재담 소리꾼의 중간중간의 이음새의 소리가
내 안에서 더 큰 흔들림은 판에 빠져들게 하는 묘미가 있습니다.
우리의 마음을 들여다보고 내는 소리는
지금까지 그냥 T.V에서의 듣는 국악이 아니었습니다.

공연이 끝나고 다시 버스를 타고 내려오면서
어느새 산속의 어둠처럼 날이 어두워졌습니다.
대관령의 길처럼 굽어진 도로가 주는 아늑함은
다시 여행가의 마음이 되어 길을 떠나봅니다.
어디에서나 사람들이 넘쳐납니다.
그 공간 속에서 외롭지 않은 것은
함께 가는 벗들이 있기에 가능하지요.
다시 익숙해진 도시로 돌아온 우리는
모두가 행복한 사람이 되어서 오늘의 공연을 이야기합니다,

즐거운 시간이 지나 일행과 헤어지고
다시 혼자인 시간의 산책길은 참 좋습니다.
이렇게 늦은 시간에 많은 사람이 불광천을 오고 가지만
제가 아는 사람은 단 한 사람도 없습니다.
두 며느리가 각각 두 마리씩 강아지를 키운다는
어느 어머니의 이야기는 넘치는 사람만큼

강아지도 불광천에 넘치고 있습니다.
비만으로 갇혀있는 것이 불쌍해서 아니면 반려동물로.

점점 사람과의 관계에서 오는 여러 문제에
익숙해지지 않고 회피하는 갇힌 사람들의 눈빛
강아지의 자랑은 수도 없이 하면서
사람의 이야기가 빠진 아니 외면하는 그들의 표정들
우리는 누구나 외롭고 슬픈 사람이기도 하지만
그래도 사람들이 있기에 우리의 삶이 더욱 빛나는 것입니다.
함께 갈 친구가 있다는 것은 긴 인생길의 동무가 있다는 것이고
외롭지도 않다는 것일지도 모릅니다

이제 10월도 가려 합니다.
나뭇잎이 어느새 여러 가지의 색으로 물들어 가고
일교차가 심하게 벌어지는 요즘
옷도 사람의 마음처럼 봄 여름 가을이 하루에 있어
우리의 옷차림을 분주하게 합니다.
그 분주함에 갇힌 우리들의 표정은
점점 굳어지고 대리석처럼 차가워져 갑니다.
가을이 주는 넉넉함은 물질에 있지 않습니다.
따뜻한 말 한마디가 우리를 행복하게 합니다.

시간이 흐른 뒤에

고유 명절인 추석에 잠시 나들이를 합니다.
10년 만에 다시 가는 가평 남이섬의 나미나라 공화국,
가는 길에 멋진 부부를 만나서
얼마나 놀라고 웃었는지 감사할 따름입니다.
부부가 생사를 확인하는 시이리고 말을 히니
과거 일본 사람들의 일상을 봅니다.

멋 내기 한복으로 곱게 차려입고 전철을 탔습니다.
아무도 한복을 입은 사람은 없습니다.
순간 제가 별나라 사람이 되어
모든 사람의 시선 속에 갇힌 묘한 상황이 되어버렸습니다.
가평역은 크고 넓은 부지에서 여러 개의 모습으로 변해
시간이 많이 흐른 것을 눈으로 봅니다.
한국 땅의 낯설지만 친근한 사람들의 표정에서
다시 우리의 자리를 생각합니다.

그토록 가까운 거리를 중국 사람과 함께 택시를 탔지요.
얼마나 돌았는지 기본요금의 두 배가 넘는 돈을 지급하고서도
우리는 많은지 몰랐습니다.

남이섬을 구경하고 나와서 다시 함께 승차할 때에야
걸어서 15분 거리임을 알고 많이 분했습니다.
여행객에게 바가지를 씌운 택시 기사님의 당당함에.

남이섬은 몇 개의 변화가 있었지만,
전체적인 흐름에는 변화가 없었습니다.
마른 땅의 먼지를 한껏 마시고
아직 가로수에도 단풍이 들지 않아 사람 구경만 했습니다.
그 많은 사람의 만남에서
오직 혼자만 한복을 입은 저는 여러 생각이 교차했습니다.
모델로 여러 장의 사진을 찍으면서
과연 오늘이 한가위인가? 허망했습니다.

우리 것은 모두 어디로 여행을 떠났는지
다시 찾지 않으면 안 되는 지금 모두가 그립습니다.
추석 빔으로 입던 한복도 아이들의 때때옷도
윷놀이도 3대가 함께 웃는 전경도
남의 나라의 좋은 점도 나쁜 점도
빨리 답습하듯이 모두 사라졌습니다.
어느새 우리 것은 실종되어 후대에 줄
추석의 어떤 추억도 이제는 존재하지 않습니다.

모두가 바쁘다고 입에 달고
우리 삶의 모습들은 점점 속도에 빨려 달려갑니다.

한 번에 모든 것을 해치우는 위대한 우리들의 어린아이들의
빠름을 보며 저는 더 천천히 가려 합니다.
속도가 모든 것을 회색 지대로 만들어 버리고
색깔은 단순해졌습니다.
천연의 색깔은 우리의 감성에 더 많은 영감을 주고
그 영감은 삶을 풍성하게 합니다.

자기 생각에 따라 알고 있는
편협된 작은 시야에 갇힌 우리들의 판단력이
또 다른 우리에게 상처가 되기도 합니다.
그러나 가해자는 피해자의 소리를 듣지 못합니다.
우리는 저마다의 상처에 늘 생채기를 만들면서
그 상처로 조금씩 다른 모습이 되어 성장합니다.
세상에 숨기도 하고 자신 안에 갇히지도 하면서
늘 새로운 얼굴로 삶을 살아갑니다.

1%의 작은 시도

응암 시장 버스 정류소 근처에서
늘 채소를 파는 할머니가 있습니다.
어느 날 동네를 산책하다가 가지 고추라는 것을 보았습니다.
보라색의 가지는 작은 가지처럼 먹음직하게 보여
5분을 서서 바라보았습니다.
드디어 용기를 내어 3천 원어치 21개를 사서 집으로 왔습니다.

아삭이 고추처럼 먹을 수 있다고 하기에
동생에게 권했더니 유전자 조작 농산물이라
바로 거절하며 저 또한 먹지 말라고 합니다.
글쎄요. 우리의 먹거리가 정말 온전한지
새삼 다시 생각하게 되었습니다.
채소부터 모든 음식물이 천연 자연물이라고
당당하게 말할 수 있는지요.

6개월을 동전을 모아 지폐로 바꾸기 위해 새마을 금고에 갔습니다.
더위에 새마을 금고 안에는 참으로 시원했지요.
세 명의 직원들은 퇴근 시간 30분 전이라서
모든 창구에서 기립해서 대기하고 있어

처음에는 반갑고 미안하기까지 했습니다.
그 마음도 잠시, 짧은 응대에서 그들에게 느꼈던
좋은 감정들이 소리 없이 무너졌습니다.

동전을 선별해오지 않아서 교환이 불가하고
자기네 지점의 통장 개설이 안 돼 있어 힘들다며
지금 고객이 선별해도 지폐 교환이 안 된다고
같은 말만 되풀이합니다.
서서 퇴근을 기다리는 시간에 세 명이나 대기 중이었고
지점 안에는 저밖에 손님이 없었습니다.
모든 영업 현장에서 변화를 소리치지만,
당신도 안되고 외치는 자신도 안주하는 습성을 버리지 못합니다.

저는 건강을 위해서 시간이 날 때마다 산책을 좋아합니다.
마냥 천천히 걸으면서 익숙하면서도 때로는 낯선 풍경에서
지난 시간을 추억합니다.
그날도 걷고 있는데 앞에서 '아줌마' 하고
행인이 저를 불렀지만 무시하고 가고 있었습니다.
행인은 나에게 무엇을 묻고 싶어 했는데

저는 생각에 잠겨 잘 듣지 못했습니다.

정직히 말하자면 '아줌마'라는 호칭이
내게는 전혀 익숙하지 않아서 그 물음에 타인이 됩니다.
모든 결혼한 여자들을 하나의 일관된 호칭인
'아줌마'에 대한 거부반응이 있습니다.
언제 어디서든 자신의 이름으로 불리기를 고집하는
독선이 제게는 있습니다.
이름은 자신의 모든 것을 함축한 의미와
살아온 인생의 어떤 모습들이 연상되는 중요한 것이기 때문입니다.

은평구는 매달 마지막 주 수요일은 문화의 날로 정해
참 좋은 공연들을 합니다.
가끔 시간이 허락되면 걸어서 그곳에 가는 것을
작은 즐거움으로 기대합니다.
7월의 공연 시루뫼의 '춤으로 말하다'는
공연 1시간 30분 동안 내내 앞에서 울었습니다.
그리운 어머니께서 보셨으면 얼마나 즐거워했을까 생각하니
즐거운 마음속에 아픈 그리움과 행복이 함께 머물렀습니다.

비가 내리면

조용히 비가 내립니다.
오늘이 그날이라고 기억하는 모든 사람의 마음속에도
우리의 기억은 짧고 늘 마음은 분주하지만 그래도
4월이 주는 의미는 새롭습니다.
황무지를 노래했던 시인의 말처럼 잔인하지만,
그 안에 새로운 생명을 잉태하고 있기에
긴 세월 속에 하나의 추억이 되어
우리 삶의 여러 형태 속에 남아있습니다.

저는 눈이 나빠 안경을 쓰는데
길가에 여기저기에 많은 쌀알이 뭉쳐 있습니다.
처음에는 술에 취한 사람이 지나치게 먹은 흔적으로 생각하고
지나치며 자세히 보니 새들을 위해 누군가가
잡곡을 약간 익혀서 길가에 뭉쳐 놓았습니다.
사람의 눈에는 새들이 먹을 것이 없어 그리하였지만,
과연 새들에게 좋은 양식이 될지요.

사람들의 눈에는 보이지 않지만 새들에게 보이는
새들만이 먹을 수 있는 양식이 사방에 널려 있습니다.

겨우내 죽지 않은 많은 해충을 먹어야
새들도 건강하고 다른 식물들에 도움이 되지요.
사람이 만든 양식은 새들에게 자생력을 약화하고
오히려 몸속에 독이 되기도 합니다.
새들이 살 수 있는 세상을 정말 원한다면
먹는 것도 줄이고 살충제도 줄이고 세제도 줄여야 하지요.

밤새 취한 어느 분은 이른 아침에도 길가의 나무를 붙잡고
연신 기둥에 기대여 꼼짝도 하지 않습니다.
어느 어머니의 귀한 아들이고 남편이고 아버지일진대
오늘의 모습은 세상에 보이기 싫은 순간입니다.
일을 마치고 오는 길에도 여전히
건물 앞 바닥에 앉아서 고개를 숙이고 있습니다.
세상의 짐을 홀로 지는 사람처럼 그렇게 앉아 있는 모습에서
우리의 소중한 사람의 부재를 생각합니다.

세상의 주목을 받지 않지만,
사철 같은 빛깔로 우리 옆에서 묵묵히 서 있는 주목을 봅니다.
봄이라고 옅은 새순을 연한 초록으로 내놓으면서
소리 없이 봄을 보내고 있는 주목을 다시 바라봅니다.
살아 천 년 죽어 천 년 묻혀 천 년을 산다는 주목은
요란스럽지도 화려하지도 빠른 성장을 하지도 않습니다.
흘러가는 세상의 모든 바람을 묵묵히 견디면서
모난 세월의 장승처럼 그렇게 이 땅의 나무로서 살아갑니다.

화려한 벚꽃이 바람에 꽃비 되어 내리고 나니
세상은 다시 초록의 세상이 되었습니다.
벚꽃이 지고 나면 소리 없이 피는 철쭉의 모습이
다시 우리들의 눈앞에 펼쳐집니다.
꽃은 피고 지고 삶도 가고 오는 것
유난스러운 것은 사람의 생각일지 모릅니다.
만물은 정해진 순서에 따라 서로 자랑하지 않고
피고 지고 흘러가는데 사람만이 하나의 관념에 묶여 있습니다.

많은 사람이 하나를 고집하면 또 다른 많은 사람은
더 많은 것을 잃을지도 모릅니다.
나의 것 자신의 작은 이익만이 온전하다고 한다면
다른 사람들의 불편함과 손해는 누가 보상해야 하는지요.
보낼 것은 보내고 다시 새로움으로 남아 있는 우리에게
서로가 힘이 되어야 합니다.
세상에 희망이 없다고 하지만 남이 아닌 자신이
우리의 작은 불씨 같은 희망이 되어 살아가야 합니다.

불자동차

이른 아침에 불자동차가 우리 모두의 새벽을 깨우며 달려갑니다. 누군가는 삶과 죽음의 갈림길에서 애타게 기다릴 것을 생각하니 마음이 먼저 달려갑니다.

문산 극장에서 불이 날 때 저는 옆에 있는 상가에서 가족과 함께 잠을 자고 있었습니다. 아버지에게 "천장이 뻘게요." 했다가 괜히 자면서 꿈을 꾼다고 야단만 맞았습니다.

실제로 문산 극장은 옆에 붙은 장미상회의 누전으로 모두 소화되고 말았습니다. 천정이 빨간 것은 활활 불이 타고 있었고 엄마는 나무로 만든 돈통을 잘 가지고 나가라는 말을 하고 돈통을 제게 맡겼는데 밖에 나와서 정신을 차리고 보니 품에 안은 것은 괘종시계였습니다.

수많은 종이 돈은 검은 재가 되어 바람에 날아갔고 저는 묘한 기분이 되었습니다.

그 불로 우리 가족은 안양에서 긴 정착을 하게 됐습니다.

시간이 지나고 추억도 쌓이면서 모두가 가정을 이루고 부모가 되고 할아버지 할머니가 되었습니다. 떠남과 태어남의 반복 속에 인연으로 새로운 가정도 이루어지면서 관계도 만들어졌습니다.

그러면서 세상에 더 많이 남았다는 이유로 더 가졌다는 이유로 다른 얼굴을 하기도 합니다.

지금까지 우리는 소유하는 것에 집중하고 살아갑니다.

물질과 학벌과 사람과 소소한 작은 것들을 하나하나 창고에 쌓아두고 뒷짐을 지고 바라봅니다. 그러다가 어느 순간 떠나는 사람이 됐을 때, 남겨진 사람들이 그것에 대한 소중함을 모르는 것은 관계에서 오는 작고 소중한 추억이 없기에 하나의 물건에 지나지 않기 때문입니다.

살아오면서 축적한 모든 것들은 자신이 떠날 때까지 나누어 주는 몫으로 우리에게 이어진 관계의 산물입니다.

경험도 나누고 물질도 필요한 사람에게 필요한 만큼 나누어 주고 재능도 기부하고.

관계로 이루어진 사람과의 인연도 물질의 흐름에 따라 흘러가야 한다고 생각합니다. 멈추어 있으면 썩는다는 가장 간단한 진리조차 거창한 옷을 입기도 합니다. 그렇지만 나누어야 합니다.

지난 것에 안주하고 이루어 놓은 성공에 만족하면 우리의 후손이 머물 자리는 썩어서 살 수가 없습니다. 내가 가진 자리에서 일어나 다음 세대를 위한 내 자리는 청소할 필요가 있습니다.

지금껏 누리고 온 많은 것들을 이제 선물을 주기 위해 산타가 될 필요성이 있습니다. 나누는 것도 내 기준이 아닌 상대의 기준에 맞추어서 세밀하게 그러나 상대에게 상처가 아닌 선물이 되어야 합니다.

여의도 공원에도 불광천에도 그리고 저 우리나라 끝 제주도에도 바람이 붑니다. 바람은 생명을 안고 있기에 누구에게는 기회로 누구에게는 절망이라는 이름으로 불려도 바람은 어느 곳에 걸리지 않기에 모두에게 풍성하고 넉넉한 이름이 됩니다.

자신의 이름이 사람들 얼굴에 미소 짓게 할 수 있다면 성공한 삶이라고 할 수 있습니다.

생각의 파편

장기서약을 하고 나서의 삶은 360도 달라졌습니다.
사소한 것도 고맙고 감사합니다.
한의원에서 준 붕어빵 두 마리에도 새삼 정감이 묻어나고
그들은 넘쳐서 주는 호의지만 받는 저는 무한 기쁨입니다.
초라함이 아니라 사랑으로 인정으로 그들을 보았기에
주고받는 손길이 따뜻했습니다.

호주로 간 후세인 호크(호주 축구 감독) 감독은
부친께서 한국전쟁 때 한국을 위해 싸웠으며
산화散花한 후손입니다.
우리는 그분께 명예 한국 시민권을 주어야 합니다.
먼 호주에서 태극기를 가슴에 달고 한국이 조국이라고
자랑스럽게 말하고 있으니 진정한 한국인입니다.
과연 우리는 외국에서 어떤 모습으로 대한민국을 대표합니까?

40년 전에 창단되었던 쌍뚜스 합창단원들은
각기 자기 인생을 살다가 이제 다시
쌍뚜스 카톡방에서 그리움의 재회를 했습니다.
묻어 두었던 지난 이야기들이

하나하나 반딧불처럼 생명을 가지고
카톡방에서 서로에게 힘이 되고 있습니다.
그들의 말속에서 그리움과 사랑과 추억이 알알이 맺혀
산이 되고, 강이 되고, 바람이 되어 다시 만나게 합니다.
시간은 우리의 모습을 변하게 했지만,
추억으로 다시 만날 때
모두가 하나가 되고 다시 시작하게 합니다.

우리는 어디로 가고 있을까요?
물질 풍요의 시대에 살면서 더 빈곤한 영혼이 되고
군중 속의 고독처럼
누구나 한 번씩은 우울을 가슴에 몰래 묻고
홀로 삭히면서 겉으로는 당당한 채 하면서
슬프게 살아가고 있습니다.
두 손을 등 뒤에 묶어 두고서 무심한 얼굴로 걸어갑니다.
손만 내밀면 우린 언제든지 친구가 될 수 있는데…….

주어진 오늘이라는 선물은 각자가 어떻게 쓰고 있을까요?
돈으로 채워지고 명예로 채워지고
강박관념으로 서로 바라보는 눈빛은
살기조차 느껴지는 내 얼굴은 아닐지.
저는 더 늦게 가려 합니다.
급한 분들 먼저 보내고
어르신들 먼저 보내고

아이들도 먼저 보내고
비워지고 넓어져 보이는 거리에서
자유롭게 걸어봅니다.

서두르지 아니하는 거북이처럼
아주 천천히 갑니다.
모두가 가는 그곳에서
사소한 작은 행복과 즐거움을 나누면서
가슴에 조금씩 쌓아서
다시 만날 벗에게도 나누어 주면서 살아가려 합니다.
그렇게 겨울의 무서운 칼바람 속에서
가슴은 더 따뜻해지고 있습니다.

공감과 경청

처음으로 국민 통합 희망포럼에 갔습니다.
많은 여러분의 짧은 축사는 삶의 여정들이 묻어나고
인생길의 어느 부분들이 표출되어
듣는 마음을 포근하게도 힘들게도 희망에 넘치게도 합니다.
사소하고 작은 것에 대한 희망,
사람과의 관계도 작은 것에 좌우됩니다.

사랑도 미움도 분쟁도 우리의 사소한 몸짓 언어에 의해서
상처가 되고 미움이 되고 분노가 되고 사랑이 되기도 합니다.
5초가 주는 몸짓 언어는 위대한 마술과 같습니다.
그래도 덮고 내려놓고 그들과 소통하기 위해
작은 마음을 멈추지 않습니다.

공감과 경청, 우린 사람과의 관계에서 늘 놓치고 살아가고 있습니다.
내 안의 작은 소리는 나의 큰소리에 묻혀 들을 수 없고
다른 사람의 불평 소리는 나와 상관이 없다고 두 귀를 막아버립니다.
그래서 우린 외롭고 고독하다고 하며 삶을 엉망으로 살아갑니다.

조용히 천천히 내려놓을 때

잠시 가장 가까운 사람의 말을 듣기 위해
우린 현재 하는 모든 일상을 내려놓고 다가앉아
그들의 이야기를 들어 주어야 합니다.
함께 살아가는 친구이고 가족이기에 먼저 손을 내밀어야 합니다.
상대가 먼저 해주길 기대하기보다는 내가 먼저 손을 내밀어야 합니다.

뜨개질하는 시인은
오늘도 늦은 시간까지 가게에 앉아서 뜨개질합니다.
안경은 내려앉아 볼품은 없지만,
그분이 쓰는 시는 우물가의 물 같아서
읽는 사람의 마음을 시원하게 합니다.
모습은 초라하고 동네 아저씨 같지만
마음은 부처의 마음처럼 넓고 넓습니다.

하루에도 많은 사람과의 만남에서
영향을 주기도 하고 영향을 받으면서
서로에게 성장의 기회가 되어갑니다.
숲의 나무들이 서로에게 도움이 되듯이
우린 그렇게 어울려서 함께 살아갑니다.
종교도 환경도 세대도 달라도 어울려서 걸어갑니다.

이어지는
삶과 죽음

오랜만에 덕수궁을 갔습니다.
학교에 다닐 때는 늘 걷던 덕수궁 돌담길을
다시 걸으니 참 신선합니다.
이제는 나무와 풀에 대한 애정이 더해서
반송과 회화나무 가시 칠엽수 그리고
나무껍질이 독특한 고욤나무를 보면서
내 삶도 나무의 껍질처럼
어떤 무늬로 보일까 생각해 봅니다.

예전에 여의나루에서 어머니와 함께 탔던 배가 생각납니다.
매주 화요일에 있던 구국 기도회에 늘 참석하셨던
모친은 이제 기억 속에만 남아 있습니다.
사람은 가고 없지만 남아 있는 내게 추억이 되어
새 길을 보면서 옛날을 생각합니다.
한정된 추억은 타인이 공유하지 못한 채
이제 무형의 자산 속에 감추어집니다.

열흘간의 여행을 마치고 이제 다시 부산으로 가려 합니다.
떠나온 시간만큼 낯설게 된 도시와 친구들을 보면서

저 자신도 점점 낯설어 갑니다.
여행은 연결이 아니라 낯섦에 대한 새로움을 직시하게 합니다.
뿌연 날씨처럼 시야도 흐려지지만
그래도 더 멀리 보고 싶은 욕심으로 높이 오르려 합니다.

송파에 있는 그 넓은 재개발 단지를 보면서
우리도 그렇게 늙어지면 흉물스럽게 변해갈까 두렵습니다.
넓은 단지의 건물은 사람들이 살지 않아
불빛도 없고 적막하고 고요해 무섭기까지 합니다.
너무나 대조적인 모습에서
삶과 죽음은 이어진다는 말을 실감합니다.
화려한 조명 속에 감추어진 아니 묻혀있길 기대하는
사람의 마음 같아서 왠지 서글프기까지 합니다.

기차여행은 길고 긴 삶의 단면들을 만나는
설렘이 있어 좋아합니다.
함께 오는 열차의 옆 자석은 손님이 바뀌어서
잠시 동행하면서도 다른 창을 열게 합니다.
갓난아이와 노인에 이르기까지 다양한 모습들이
꾸밈없이 보이기에 놀랍습니다.
그 속에 나의 지나온 삶의 모습까지 겹쳐지면서
오늘의 축복을 알게 합니다.

서울에서 만난 사람들

서울은 역시 공기가 나쁘지만
볼거리가 많아
가끔 옵니다.
쌍둥이 동생이 시간이 늦었다고 해서
급히
택시를 탔습니다.
이동 중 들은 이야기는
개인택시 거래가격이
일억이 된다니
참 세상 돈의 가치가 무섭습니다.
5년 전에는
7천에 거래가 되었는데요.

택시 기사님은
어떻게 독립문을 통째로
옮겼는지
무척 궁금하다고 합니다.
저는 간단한 문제라고 했습니다.

땅을 파고 통나무를 촘촘히 깔고
돌멩이를 굴리듯이
천천히 굴리고
아니면
간단히 통으로
선박을 인양하는 기중기를 사용하면 되니까요.

오늘은
여기 서대문 평안교회에서
예배를 드리고
낯선 사람들 틈에서
추수감사절로
맛있는 점심을 먹고
사돈 어르신과 함께
낯선 곳에서 식사는 늘 기대됩니다.
배울 것이 아주 많고
그냥 신이 납니다.
사람을 만나는 것은

언제나
새로운 기운과의 만남입니다.
그래서 즐겁고 행복합니다.

안국동에 가서
전시하고 있는
그림 전시회를 관람하고
이사장님도 만나고
클라스트 공예 전문가 문 사장도
반년 만에 얼굴 보고
요양보호사 친구들과
함께 갔던
그리운 추억 하나
안부를 묻기 위해
선술집에 가 보고
세상 여기저기 돌아다니는
헌책방 친구 김 사장 안부를 묻고

종로로 넘어가

부탁받은 약도
단골 약방에서 구입하고
한복전문가 갑장 박 원장 친구를 만나보면서
시장 구경도 합니다.
물론 정으로 주는
맛있는 커피도 한잔하고
종로5가역 근처에서
한복전문점을 30년째
늘 그곳에서 지하를 지키는
지하여장군처럼
한복 언니도 만나
얼굴을 마주하고
수다도 떨고
천천히 김포로 넘어갑니다.
오늘도 행복하게.

또 다시
산다는 것은

요양보호사 실습을 하면서
삶보다는 죽음을 더 많이 생각하게 되었습니다.
태어나는 것보다 죽는 것, 삶을 마무리하는 것에
더 많은 노력과 사랑이 필요함을 깨닫게 됩니다.
죽은 거목은 100년 동안 숲의 자원이 된다고 합니다.
큰 나무의 죽음이 숲에 주어지는 위대한 유산이 되는 것은
숲의 미생물에게 가장 큰 영양분이 되기 때문입니다.

고래 한 마리가 죽어 가라앉으면
수년에서 수십 년 동안 근처 심해 생물들에게
영양을 공급할 수 있다고 합니다.
수많은 요양원에 입소한 어르신들을 보면서
다른 방식으로 장례를 준비할 수 있지 않을까 늘 고민했습니다.
수목장, 화장, 분묘, 수장
사람에게서 받은 생명
누군가에게 조금이라도 필요하다면
아니 줄 수 있는 기회가 있다면 선택하겠다고
그래서 장기기증서에 서명하고

우편물을 넣었을 때
이제 더는 죽음을 위해
시간을 낭비하지 않아도 되겠다는
안도감이 들었습니다.

천안 공원묘지에 갈 때마다
죽은 자들의 집들이
점점 더 많은 땅을 차지하고
일 년에 두 번 정도 가기 위해
인간이 자연에게
어떤 해악을 끼치고 있지는 않은지
새삼 자문해 봅니다.

동물은 자연에서 태어나 자연으로 돌아가지만
인간처럼 죽음을 기억하지 않습니다.
후대에 빌려 쓰는 자연,
그냥 흔적 없이 사라지는 것에
너무 두려워하는 우리들의 모습이
오히려 처량해 보입니다.

희망을 위해
마음 비우기

하나를 정리하는데 몸도 마음도 이렇게 힘이 들 줄 몰랐습니다.
삶의 어느 한 부분이 사라져 버린 허전함에 밤이 두려워 잠을 청합니다.
4년의 세월을 정리하니 단돈 12만 원이 제 손에 들어옵니다.
애씀도 번뇌도 사람과의 인연도 손에 잠시 잡힌 모래 같습니다.

늦은 밤 청소를 하고 빗자루를 들고 오면서 제 마음도 쓸어 봅니다.
집착 하나 가득 가슴에 안고, 절망 하나 가득 두 손에 들고서
시간의 얼굴을 봅니다.
모두 놓아 보니 텅 빈 마음뿐입니다.
다시 시작하려 하니 더 큰 두려움이 함께 합니다.
그래도 가야 합니다.

아직 남은 마지막 하나의 희망과 가능성을 다시 만들기 위해서
너무나도 작은 불씨에 성냥에 불 붙여 장작을 더 넣어서
큰불을 만들어 봅니다.
실패에서 남은 장작은 이제 출발을 위한 에너지가 되고 마중물이 됩니다.
아직 끝난 것이 아닙니다.
포기하지 않은 한 삶은 진행형이 되어 흘러갑니다.

데일 카네기의 빈 배처럼 우리 인생에 다가오는 기회를 만나기 위해
준비하고 기다립니다.
그때는 아무도 알지 못하는 순간이므로
지나버린 무수한 기회는 제게 중요하지 않습니다.
오늘 지금이 제가 선택할 가장 중요한 순간이므로 감사할 따름입니다.

하루의 날씨 변화가 참 심합니다.
나무도 꽃도 풀도 이렇게 기온의 변화에 어떻게 적응하고 살아갈까요.
지구는 더 많이 몸살을 앓고 사방으로 그 변화무쌍함을 드러내고
우린 아무 준비 없이 유해 환경에 노출된 채로
싸움터로 나간 무력한 사람들입니다.
부드러움으로 강함을 이기기 위해…….

격이 달라서
실례라고 합니다

어떤 분이 같은 메일을 보내면 격이 달라서 실례라고 합니다.
그것은 좋은 것도 있지만 탄력적이지 못한 사고로 더 좋은 아이디어의 기회를 상실할 수도 있습니다.
과연 신 앞에서 세상의 지위나 명예 그리고 지식이 무슨 소용이 있을까요.
비범은 평범 속에 감추어야 진짜 멋진 사람이라고 저는 생각합니다.

오늘 닭장 안에 갇힌 집 기러기가 닭장을 높이 날아 밖으로 외출했습니다.
갇힌 것에 대한 도전인지 아니면 상큼한 날씨에 넓은 마당을 거닐고 싶었던지…….
오히려 갇혀 있을 때 보다 더욱더 우아한 자태로 걷는 것이 좋아 보였습니다. 사람도 몸과 마음 그리고 생각이 갇히면 어딘지 모르게 부자유스럽게 보입니다.

자유롭게 날다가 사람이 주는 음식과 편안함에 안주해 버린 집 기러기를 보면서 생각합니다.
사람도 현재에 만족하면 몸도 생각도 도전적이지 않고
솥 안에서 작은 온도 변화를 감지하지 못하고 그대로 익어서 죽어가는 개구리 신세가 되지 않을까요.
주어진 선물인 현재를 살면서 그래도 누군가에게 희망이 되고 꿈이 되고 작은 도움이 되었으면 합니다.

대나무가 쉽사리 죽지 않는 이유는 바람이 하루에 300번씩 흔들어 주기 때문입니다.

300번의 바람이 불 때마다 뿌리들이 서로 끌어안기 때문에 더 튼튼해지고 단단해진다고 합니다.

어떤 일이 생길 때마다 늘 남 탓만 하고 환경 탓만 하다가는 모두가 쓰러집니다.

무수한 바람에 서로에 대한 배려로 작은 희망을 가꾸어 간다면 우린 살 만한 세상의 주인공입니다.

우리는 자신이 듣고 싶은 말만 기억하는 참 못된 버릇이 있습니다.

자신이 필요할 때는 작은 소리에도 늘 귀가 열려 있어 웃고 미소를 짓지만 상대의 말이 듣고 싶지 않을 때는 사거리에서 소리를 쳐도 아예 못 들은 체합니다.

내 자녀 내 가족만 소중하지 않습니다. 내가 소중하면 모두가 소중한 존재입니다.

침묵하며
창밖을 봅니다

한 주 내내 침묵하며 창밖을 바라봅니다.
모든 것이 낯설고 햇빛도 낯설어
정체되어 버린 시간의 파편들이 보입니다.
다른 사람의 표면적인 판단에 모든 것이 엉망이 되어
폭탄에 붕괴한 내면을 다시 일으켜 세우는 일이 쉽지는 않습니다.

개천가의 갈대도 꽃도 풀도 모두 갈색으로 변해
진탕 되어 버린 땅의 모습은
현재의 우리 삶의 다른 모습 같아 마음이 아픕니다.
계절이 주는 또 다른 희망을 흐르는 물은 소리 없이 노래하지만
우린 너무 멀리서 바라보기에 듣지 못합니다.

오늘도 친구들은 긴 이야기를 하기 위해
전화선을 타고 삶의 목마름을 이야기합니다.
두고 온 자매를 그리워하기도 하고,
결혼한 자녀를 마음에서 떠나보내려 하기도 하고
군대에 간 아들에 대해 그리움을 이야기합니다.
잠시의 이별이 주는 긴 목마름이 때때로
우리를 힘들게 하지만 그래도 시간은 흘러갑니다.

하루를 산다는 것이 엄청난 에너지의 흐름임을 아는 까닭에
온몸으로 세우고 세워서 다시 일어섭니다. 어떤 알 수 없는 힘으로
한 사람의 삶이 백 명의 기원으로 하루가 이어진다는 것을
너무 싶게 잊고 사는 우리
무수한 날을 흘러보냄에 대해 자신에게 묻습니다.
잘 살아 있느냐고…….

 자신의 안부를 묻는 것은 익숙하지 않습니다.
여행을 시작하는 것과 새로운 결정을 하는 것처럼 몹시도 힘이 듭니다.
남에게 늘 하는 이야기를 자신의 내면에 시시콜콜 묻게 되면
또 다른 나를 만날 수 있습니다.
종일 그렇게 자신과 이야기를 하는 것도 또 다른 나와의 사랑입니다.

오늘은 많이 걸어 봅니다.
텅 빈 개천가지만 아직도 11월의 햇볕이 참으로 따뜻합니다.
모두 일터로 각자의 공간으로 돌아간 시간 끝도 없이 이어진 길에서
시간을 만나고 그 끝에서 한강의 요트장을 만납니다.
바다와 같은 한강은 모든 것을 늘 받아들이지만,
오늘도 여전히 말없이 흘러갑니다.

느림보 우체통

달팽이 모형 느림보 우체통에 넣은 엽서 한 장이 오늘 도착했습니다.
사방이 보이던 바다에서 낯선 사람이 되고
세상에 태어날 때 함께 태어난 사람과 첫 여행을 했습니다.
오십이 넘은 첫 여행은 세월의 더께만큼 시간만큼 즐거웠습니다.

엽서 한 장에 쓰인 짧은 이야기 속에서
과거와 현재 그리고 미래에 대해 작은 소망들이
추억과 함께 잠시 행복하게 했습니다.
점점 낯설어 가는 시간의 의미와 말의 상처에서 편해지는 것은

삶의 진행 과정에서 우리는 자신을 보지 못하는 것과
현재를 인정하지 못하는, 상처받은 자신을
보고 싶어 하지 않는 것인지도 모릅니다.
우리는 그래서 행복하기도 하고 불행하기도 합니다.
저울추가 늘 자신에게 고정된 슬픈 모습이기도 합니다.

결혼 4년 차가 되는 사람이 벌써 노후문제로
현재의 삶이 저당 잡힌 것을 보니
우리는 그때를 그냥 앞만 보고 달려왔던 것을 기억했습니다.

하루하루가 생존에 대한 위협으로 미래를 볼 수 없던 시절
지금은 시대에 밀려 폐차가 되어 쓸모없이 버려진 우리들의 인생을

젊은 그들이 누리는 풍족함 속에 우리의 눈물이 있고
안전 속에 우리들의 미래의 저당 잡힌 무게만큼 행복하지 않은 그들
그때도 지금도 모두에게 답이 되지 않는 세상에 살고 있지만
보낸 시간만큼 좀 더 편안한 눈빛이 되어
현재를 바라보는 축복에 감사합니다.

기다림이 주는 선물을 받고 보니 참 행복합니다.
내 마음속에 또 다른 작은 욕심은 타인의 마음을 통해서 풍족히 받고
어떤 사람들은 분통이 터지게 하는 일들이
저에게는 기다림의 시간으로 잠시 추억 상자 한쪽에 넣어 둡니다.

겨울바람이 참으로 좋은 아침 그래서 그 바람을 맞이하려
이른 아침에 길을 나서 봅니다.

다시 배우기

2014년에 효 공부를 했던 부산 효 사관학교의
동기 선생님을 서울 종로구 인사동에서 만났습니다.
우리들의 영원한 어머니의 품이 되시는 동기생 선생님은
때로는 소녀 같고 때로는 큰 바위 같은 사람입니다.
옆에 있으면 난로와 같아서 온몸이 따뜻해서 살아갈 용기가 생깁니다.

오전의 인사동은 한산하고 드문드문 연 가게들이 오히려 어색한 곳,
작고 오밀조밀한 소품들이 형형색색으로 인사동 거리를 물들이는 한낮
느린 걸음에 우린 팔짱을 끼고 젊은 사람들과 어울려서 걸어 봅니다.
한복을 대여해서 입은 우리들은 어느 먼 옛날의 왕후가 되어 보았습니다.

목은 박물관에서 새로운 화가 선생님과의 인연은
순수한 우리들의 옛 모습을 고집하는 너무나 한국적인 사람입니다.
그림은 작가의 의도와는 달리, 보는 이의 각도에 따라서
새롭게 그려지고 추억 속에 잠시 거닐 수 있는 별나라와 같았습니다.
두 분의 흰 백발은 이 시대의 또 다른 것을 고집하는
우리들의 모습입니다.

점심이 지나니 인사동 거리는 많은 사람으로 가득하여

우리의 걸음을 바쁘게 합니다.
30년을 넘게 탈 공방을 운영하시는 예술가님은
능숙한 솜씨로 또 하나의 작품을 만들고 있습니다.
빠른 손놀림에서 세월이 묻어나고
외길을 걸어온 무게가 새삼, 탈 속에서 녹아있음을 알 때
우리의 가장 깊숙한 내면의 여러 겹으로 치장된 가면 같아서
자신을 직시하게 합니다.

함께 경복궁에서 궁 해설사의 이야기를 들으면서
시대적 아픔과 그들의 고통을 보았습니다.
대궐의 쓰임새와 건축의 미학 그리고
우리나라에 하나밖에 없다는 청기와도 보았습니다.
건물은 여전히 세월 속에서 다시 태어나고 재조명되고 있는데
지난날 사람들은 모두 사라지고 없습니다.
다만 사람들의 기억 너머에 아련한 추억일 뿐입니다.

법정 스님께서 돌아가실 때까지 지내셨다는 길상사가
가까운 거리에 있다는 정보에 우린 서둘러서
택시를 잡아타고 갑니다.

택시는 낡아 핸들에서 들리는 삐꺽거리는 소리에 신경이 쓰였지만
길상사에 도착하니 사람의 그림자가 없습니다.
8천 평의 경사지에 작은 기도 방들이 여기저기에 있습니다.
모든 방 앞에는 참선 중이라는 푯말이 있을 뿐
침묵의 강처럼 바람 소리만 마른 풀잎에 쉬었다 갑니다.

무소유를 설파했던 법정 스님.
누군가에게 삶의 길을 다시 유턴하게 하고
그 많은 땅을 아무 미련 없이 줄 수 있는 사람
모두 기억의 저편에서 우릴 항해 보고 있습니다.
작은 공간에 세워진 기념비가 짧고도 긴 세월을 말해 줄 뿐입니다.
다리를 사이에 놓고 과거와 현재의 괴리를 보면서
우린 묵묵히 걸어 나왔습니다.
어둠 속에 길상사의 모습은 흐려집니다.
우린 다시 늦은 저녁의 일상으로 달려갑니다.

어느새 올챙이가

어느새 올챙이가 앞을 다투어 이리저리 얕은 물가에서 노는 것을
T.V에서 보았습니다.
사람만이 집이라는 울타리에 갇혀서
자연이 주는 봄날을 알지 못했지요.
몇 년 전에 올챙이 알들이 송알송알 뭉쳐서 물가에 있는 모습을
사진에 담은 적이 있지요.
긴 겨울 동안 얼마나 바삐 움직이고 힘을 내었는지
여기저기에 커다란 알 뭉치가 많았지요.

저희 응암 정보 도서관 앞에 커다란 나무가 있습니다.
어제는 일하던 분들이 전선에 닿아서 감전됐다는 이유로
새순이 돋은 나무를 무참히 톱질해 잘라버려
이제 몸통만 남았고
전선보다 높다는 이유로
외롭게 하나의 가지만 남았습니다.
그 많은 가지도 새롭게 물을 올려서 피운 봉우리도 모두 잘렸습니다.

미국의 어느 주에서는 100년 된 나무의 뿌리가 집 근처에 있다는 이유
로 재건축도 허락하지 않았습니다.

사람의 생명과 같이 나무도 하나의 생명으로 보고
우선순위로 보호하려는 그들의 문화가 부럽습니다.
자를 것이라면 지난가을 잎이 떨어질 때 자르면
겨우내 나무는 남은 가지를 높게 해서
자식이 되는 나무순들을 잃지 않아도 되지 않았나 생각합니다.

우리가 이 땅에 있기 아주 오래전에 먼저
이 땅의 터줏대감으로 살아온 작지만 큰 생명이
사람의 편리와 계획이라는 이름으로
얼마나 많은 종이 사라졌는지 모릅니다.
사람만이 고통을 느끼는 것은 아니지요.
사람만이 서로 소통하는 언어만 있는 것도 아니고요.
자연의 모든 종은 서로 대화를 나누면서
상생의 법칙을 우리에게 조용히 가르쳐 주는 스승입니다.

따뜻한 봄바람에 옷은 가벼워지고
꽃 가게의 꽃들은 서로 자랑을 합니다.
어제 우리 집에 예쁜 철쭉이 이사 왔습니다.
 철사로 모양을 만들어 가꾸어져 자연미는 없지만
보기에는 참 좋아 보입니다.
철쭉도 사람이 만든 외형에 과연 행복한지 물어보지 못했습니다.
사람은 타인의 간섭에 너무나 예민하게 반응하고
때로는 폭력적이기도 하니까요.

제가 지나온 시간이 타인의 모습에서 다시 떠올라
마음이 몹시 힘들었습니다.
어느 사람은 베풀어도 독설로 보답 받고
어느 사람은 무상으로 누려도 당연하다고 하니
양쪽을 지켜본 저는 혼란스럽습니다.
말은 할 수 없고 바라보는 제 맘은 조용히 바람이 지나갑니다.
화교의 말처럼 3대가 지나면 똑같다는 말의 의미가
조금 위로가 될 뿐입니다.

늦은 귀갓길에 조금의 여유를 부려 봅니다.
어두워도 낯설지 않은 서리 사람들의 바쁘지 않은 걸음이
저를 편안하게 합니다.
불타는 금요일의 밤은 모두가 새로운 경험과
가족들과의 추억으로 어느새 달도 졸고 있습니다.
걸음에 새로운 힘이 가해져도
만날 가족의 얼굴이 더욱 소중함을
오늘 다시 한번 깨닫게 합니다.

영화 한 편

오늘 한 편의 영화를 보았습니다.
큰 영화관에 열 명 정도 앉아서 새로운 시대의 창을 느껴봅니다.
잃어버린 시대 돌아가고 싶은 세월을 영화를 통해 달려갑니다.
스피커를 통해 흘려나오는 옛 노래는 가슴을 촉촉이 적셔줍니다.

고인이 된 김정호의 '하얀 나비' 노래에서
20대의 제 모습을 똑똑히 바라봅니다.
DJ가 있던 음악다방에서 늘 신청해서 듣던
웨딩케익과 우먼 그리고 칭기즈칸의 로마가
어제처럼 절 사로잡고 두 눈에서 눈물을 흐르게 합니다.
온 영화관을 울리는 노래에 삶의 아픔들이 녹아서 삭혀지는
놀라운 변화를 경험합니다.

모두가 떠난 빈 영화관을 차마 떠나지 못하고 앉아서
두 눈을 감아 봅니다.
몸은 늙어 가나 마음은 10대의 생각에 고정된
제 마음과 긴 대화를 합니다.
사실은 늘 두려워서 자신을 직시하지 못합니다.
좋은 것만 기억하고 싶은 얇은 마음 때문에

덧칠한 나 자신을 회피하고 싶었던 자신을 봅니다.

안양천의 길을 산책하며 걸어갑니다.
참 물이 맑아서 청둥오리가 놀고 잔잔한 물살이
또 다른 생물들을 살아있게 합니다.
구름다리를 건너서 돌다리도 걸어보고
낯선 사람들의 모습이 오늘은 정겹습니다.
여행은 자신과 타인을 더 아름답게 볼 수 있는
새로운 창이 되었습니다.

문산 밤나무골의 새벽바람은 나무의 향기를 담아서
온몸을 깨어나게 합니다.
까치의 느린 걸음을 전 가만히 쳐다봅니다.
그 느림이 너무 감사해서요.
식물보다 천 배나 빠른 삶의 속도를 가진 사람의 성장이
오늘은 잠시 자연의 느린 속도에
편안함과 정겨움이 새로운 에너지가 되어
또 새로운 삶을 살아가는 힘이 됩니다.

생선구이

일을 하다가 때를 놓친 점심을 먹게 되었습니다.
생선구이 한 상을 받아 놓고
만감이 교차하는 생각 속에 앉아 봅니다.

한 상에 놓인 반찬들은
각각의 색깔에 맞춘 음식이지만
제겐 흘러버린 추억의 한 토막 같습니다.

붉은 생선을 유난히 좋아하셨던 저의 어머니는
언제나 정갈하고 화를 내는 법이 없습니다.
항상 입이 말라서 제대로 말씀을 못하셨던 어머니는
물이 많은 배를 무척 좋아하셨지요.

대식구인 우리 가족들의 식사시간은
늘 전쟁터입니다.
누가 먼저 맛있는 반찬을 더 많이 먹느냐에 대한 싸움이지요.
특히 라면은 냄비 뚜껑을 차지하는 사람에겐
아주 커다란 행운이지요.

안양으로 이사하던 날

연탄가스에 중독되어 난리가 났지요.
가족들을 모두 깨워서 마당에 뉘어 놓고
동치미 국물을 먹이시고
참 난리도 아니었던 기억도 있습니다.

이제 모두 30년의 세월이 흘러서 각각의 인생을 살아갑니다.
할머니가 되고 할아버지가 되었지요
예전의 기억들은 희미해져 가고
너무 멀리 떨어져 있어 자주 볼 수 없지만
언제나 그리운 것은 어머니입니다.

안양천에 앉아 흐르는 물을 마냥 바라보시던 늙은 어머니는
이제 없습니다.
"왜 앉아서 날이 어두워지도록 계세요." 하면
언제나 의미를 알 수 없는 묘한 미소로 답을 하지요.

이제 제가 가끔 바닷가를 갑니다.
나도 모르게 태종대로, 광안리로 가서
무심히 앉아서 바닷물을 봅니다.

예전에 어머니가 그러했던 것처럼.

어머니가 계셔서 지금의 내가 있음을 잊지 않습니다.
다시 볼 수 없는 지금도 여전히 내 맘속에
어머니는 항상 계시기에 늘 힘이 됩니다.

벌써 가을입니다.
인생을 놓고 보면 거두어들이는 계절이지요.
과연 우린 삶에서 무엇을 뿌리며 살고 있는지요.
더 많이 사랑하지 못함을
더 많이 웃어주지 못함을 안타까워해야겠지요.

믿음은 가능성의 시작이며 우리 자녀의 미래 자산이 되니까요.
먼저 웃고 항상 건강히 지내십시오.

인색함

아침 산책을 하는데 어느 분이 주민세가 참 많이 올랐다고 합니다.
제 개인적인 생각으로는 주민세가 올라도
대한민국 국민으로서 당연히 내야 한다고 생각하는데…….
그들은 한 끼 식사비로 돈 만 원의 지급은
별로 아깝게 생각하지 않을 것 같습니다.
일 년을 한 국가의 국민으로 사는데 6천 원은 참으로 저렴합니다.

우린 살면서 통행세를 누구에게 지급하고 있는지 자신에게 물었습니다.
내 인생을 조금 즐겁게 하는데 단 1분만 투자를 하면 되는데도
너무도 인색합니다.
1분 동안 거리의 종이를 줍던지, 남을 위해 한번 웃어주던지,
많은 사람의 위로가 되는 노래를 합창하던지
아니면 자신을 더 성장하는 생각을 하던지
이도 저도 하지 않고 낭비하는 시간이 참 많다고 생각합니다.

어느 날 늘 갇혀 지내는 밤나무골에 있는 개에게 처음으로
이름을 지어 주었습니다.
밤나무골에 산다고 밤톨이라고 했지요.
처음 이름을 불러주었는데도 무표정한 모습이 선합니다.

작은 공간에 더러워진 사방 그리고
여기저기 쌓인 배설물로 악취까지…….
밤톨이는 무심한 모습입니다.
나도 내 삶의 모습이 저 밤톨이가 아닐까?
그래서 자신을 돌아보지 못하는 것은 아닐까 하고
속으로 내내 울었습니다.

산책길 중간에서 부부는 운동도 안 하고
땅을 쳐다보면서 이리저리 무엇인가를 찾습니다.
무엇을 찾느냐 도와주겠다고 했더니 그냥 웃으면서
도토리를 찾는다고 합니다.
이른 새벽 동이 터오는 아침에 심지도 않은 자연의 선물을
그냥 덤으로 가져가려 합니다.
나무는 땅의 기운을 받고 산의 동물들의 먹이를 생산해서
나누어 주려 하는데 사람은 무상으로 주워가기를 바랍니다.

안개가 자욱한 아침에 앞으로 걸어가니
더 많은 안개가 내 주위로 오는 것을 보니 참 새롭습니다.
사방이 안개에 싸여 갑자기 포위되어도

왜 이리 마음은 포근한지 모르겠습니다.
첩첩산중에 홀로 있는 것 같은 생각에
더욱 행복한 여자가 되는 기쁨을 어찌 말로 표현할 수가 있을까요.
홀로 있음을 축복으로 생각하고 걸으니
사방 모든 것이 새롭고 아름답게 보였습니다.

광복동 거리

광복동 거리는 언제나 낯선 사람들의 행렬입니다,
최신 유행의 옷과 액세서리를 달고
멋진 거리를 활보하지만 언제나 그들은 같습니다.
무표정한 얼굴에 억센 말씨 탓에 다가서기 힘듭니다.

광복동의 거리는 가을이 깊어갑니다.
옷차림은 사람들의 체온에 따라서 봄·여름·가을입니다.
자갈치의 생선 냄새와 길거리의 음식 냄새
그리고 바다 냄새가 어우러져
거리는 타국처럼 묘한 향수를 느끼게 합니다.

퇴근 시간이면 더 많은 사람의 행렬로 복잡해지고
불빛은 따뜻하게 사람들을 비추어주고
걷는 사람의 마음속에 그리움이 실립니다.
밤이 주는 또 다른 모습이 때로는 정겹기도 합니다.

한 편의 영화를 보고 내려오는 연인들의 모습이 보입니다.
그들의 말씨에서 함께 보낸 시간을 알게 하고
늦은 저녁 차 한 잔에 이야기는 길어집니다.

저도 예전에 그런 때가 있었나 생각해 봅니다.

나이를 먹는다는 것은 여러 세대의 모습들이
하나하나 보이면서 그리움이 묻는 것은 아닐까요.
추억이라는 시간의 선물들이 풍성해질 때
얼마 남지 않는 시간의 소중함을 알게 됩니다.

말이 주는 의미

우리가 서로 대화할 때,
감정과 느낌에 따라 함축된 말을 하게 됩니다.
때로는 상대의 말을 그대로 직역해서
오해를 하고 서로에게 상처가 되기도 합니다.
생각해 준 사람은 이해받지 못한다고 등을 돌리고
상처받은 사람도 이해 못 했다고 하지요.
똑같은 언어로 이야기하지만
우린 서로에게 낯선 이웃이 되어 살아갑니다.

아주 작은 음악회에 다녀왔습니다.
백 년 된 아주 소박한 성당의 둥근 아치에서
시골 다운 정다움이 느껴집니다.
그러나 너무 한국적인 정서에
순간 시간의 터널을 넘어 그때 제가 있는 착각에 빠졌습니다.
작은 음악회는 더 풍성해지고 새로움이 더해져서
작은 것에 대한 애착이 강해지게 합니다.

길 위의 사람들 삶이 더 거칠어진 것은
아마도 사람들이 나누는 말의 힘이 아닌가 합니다.

누구를 말하는지는 몰라도 3대가 벌을 받았다고 하는
넋두리가 제 발길을 묶어 버립니다.
낯선 사람들의 잠시 이야기의 청중이 되었지만
제 마음은 무언가에 한 대 맞은 기분입니다.
흘러가는 삶의 모양이
타인에게 하나의 반면교사가 되고 있음에 더 조심하게 됩니다.

이번 여행은 무수한 사람과의 짧고 깊은 만남이 되었습니다.
많은 선배님의 따뜻한 말과 예리한 평판에
제 삶의 하루를 더 깊이 반성하며
13년간 인노 선역을 섰었던 인도의 성자 비노바의
무수한 고뇌 중에 하나를 알게 합니다.
우리는 결코 다른 무엇이 아닌 서로에게 연결된 하나임을
그래서 소중함을 알게 합니다.

외로움에서 오는 경제적 인간적 단절은
더 많은 문제를 발생하고 서로 얼굴을 바라보는 것을
굉장히 힘들어하는 우리 세대
나의 조그마한 모습조차 타인이 알 것에 두려움을 느낍니다.
요즘 세대를 물 위를 걷는 사람들이라고 합니다.
멈추는 순간 추락이 아니라 익사라고 합니다.
우리 기성세대가 그들을 물에 밀어 넣고 구경하는 사람이 되었을까요.

외로움은 나이를 구분하지도 않고 세대를 초월해서

모두에게 두려움과 고독 속에서 살게 합니다.
낯선 사람과의 조화로운 관계를 만들지 못해 오는
철저한 개인적인 사고가 벽에 벽을 만들고
자신의 인생을 소중히 여기지 못해
타인의 인생도 함께 망가지는 사회적인 현상
우리 스스로 만든 규칙과 규율 속에
점점 거대한 나 홀로의 나무가 되어 살아갑니다.

철저하게 자신에게 말해야 합니다.
친구가 필요하다고……
사람과의 따뜻한 만남만이
이 시대에 우리가 서로에게 묶여 살아가는
또 하나의 희망이 되고 미래의 새로운 꿈이 될 수 있음을
대나무가 그 숱한 바람에
서로의 뿌리가 엉겨서 넘어지지 않는 것 같이
이제 우리도 서로의 사랑과 관심
다른 사람의 이야기에 귀를 기울임으로 인해
사람 향기가 나는 삶을 살아야 합니다.

주저하는 것은

모두가 어느 곳에 속하지 않으면
자신의 삶이 이방인이 되는 것 같은 절박함에
우리는 여기저기에 무수한 자국을 남기며 살아갑니다.
뛰어도 보고 달려도 보지만 여전히
낯선 사람들 속의 고독을 절감하게 됩니다.
천천히 걸어 봅니다.
때로는 내가 아닌 나의 감추어진 모습에 놀라기도 하면서

시간이 필요합니다.
잘잘못에 대한 우리의 결정이 정말 옳고 바른 것인가에 대한
지금 내 앞의 이익과 대중적인 소리에서 조금 자유로워지기 위해서
잠시 창문도 대문도 닫고 어두워진 방 안에서
나약해지는 자신을 바라볼 시간이 필요합니다.
모두가 왕이고 모두가 개혁자가 되어서는 안 됩니다.

집을 지을 때, 큰 기둥만으로는 함께 살 수 있는 집을 만들 수 없습니다.
창문도 기와도 못도 그리고 해우소 같은 화장실도 있어야 합니다.
뒤뜰에 저장하는 옹기의 장독대도 있어야
사철 맛 나는 음식도 먹을 수가 있습니다.

우리는 누구에게 작은 존재이지만 그러나 꼭 필요한 사람들입니다.

나의 시각에서 너를 판단하는 것이 아니라
우리의 시각에서 모두가 필요하다고 해야 합니다.
내 욕심으로 세상에서 강자로 살 수 없듯이
서로에게 나누는 사람으로 살아가야 합니다.
한 사람의 삶도 매일 무언가와 싸우고 결정하고
참고 약한 자신을 받아들이듯이
내 안에 다른 사람에 대해 자리를 하나 만들어 보았으면 합니다.

나의 친구는 사는 것이 힘이 든다며
잠시 우리의 시야에서 사라졌습니다.
술래잡기처럼 그는 너무 꼭꼭 숨어서 찾을 수도 없습니다.
그가 남긴 흔적은 제가 보낸 카톡의 내용을
아무 말 없이 읽고 있다는 것입니다.
세상의 모든 소통에서 멈추어 버렸지만 저는 여전히 기다립니다.
다시 시작하기를

우리는 실수도 하고 실패도 합니다.

인생의 긴 여행길에서 좋은 날들은 그리 많지 않습니다.
넘어지고 상처받고 아파서 그 자리에 앉아 울기도 하지만
그래도 삶은 무상으로 주어진 선물이기에
그림을 그리는 화가처럼 멋진 시를 쓰는 시인처럼
하루를 수놓기도 합니다.
그런 많은 날 중에 가슴에 가득한 기쁜 날이 있기에
가는 길이 고달프지도 않습니다.

우리의 선조가 걸어갔던 길 그리고
우리의 윗대가 걷고 있는 길 그래서
우리 또한 쉼 없이 걸어가야 할 길이기에
나무가 나이테를 만들어 가듯이 걷고 있습니다.
태어나는 것은 선택이 아니지만
살아가는 것은 무수한 선택과 결정으로 만들어집니다.
우리가 만들어 가는 세상이
태풍에 쓰러지지 않는 풀처럼 강하고 담대하길 바랄 뿐입니다.

그리움

모두가 가슴에 카네이션을 달고 있을 때
정말 비워버린 그 자리에 홀로 남겨졌다는 것을 알게 될 때
곱고 고운 한복을 입고 나들이를 가시던 모습이 보고 싶습니다.
일 년 내내 장사로 매일 바쁘다가 상인회의 야유회로
수양버들 늘어진 둑에서 막걸리 한 잔에 얼굴 발개진 모습
어느 어머니의 평안하던 그 얼굴이 오늘따라 그립습니다.

세상이 몇 번씩 바뀌던 혼란스러운 때에도
언제나 말없이 그 자리에서 당신이 있어야 할 그곳에서
묵묵히 계셨기에 멀리 앞을 향해 가다가도 뒤돌아보면
항상 웃는 모습으로 서 계셨던 것이
이제는 비워진 것에 다시금 놀라곤 합니다.
우리의 아이들이 그때의 내 모습처럼 뛰어가다가 돌아봅니다.

길고 긴 세월, 가지 많은 나무가 바람에 휘어지고 꺾여서
무성한 나뭇잎이 사라지고 가지들은 꺾여 그루터기만 남았을 때도
흘러가는 강기슭에 앉아 사람의 얼굴이 아닌 물을 마냥 보고 계셨지요.
그때는 몰랐습니다. 수많은 말을 강물에 띄우는 한 많은 시간임을
베란다에 빽빽이 늘어선 화분들이 당신의 말벗이 되었다는 것을

세상 모든 사람이 가는 그 길조차도 평안하지 못했던 것은
시대가 변해가고 남은 사람들의 인식이 더 얇고 날카로워서
사는 날들이 칼날 위의 춤사위처럼 두렵고 떨리는 나날들이었지요.
당신이 마음속에 그리던 노년의 모습은 이 세상에 존재하지 않고
너무 빠른 변화 속에 작은 몸 하니 편히 누울 땅이 없음을
망연히 바라보셨지요.

장구를 멋들어지게 치던 모습은 연기처럼 사라지고
그토록 긴 성경 구절 12장을 암송하던 모습도 이제는 볼 수 없습니다.
한여름의 모시 한복을 입던 모습도
꽃동산의 모습에 마냥 기뻐하던 모습도
다른 사람들은 아직도 남아 가족과 이야기를 나누고 있건만
우리의 어머니는 이 땅에 없습니다.
그러나 그 자리에 우리들이 있습니다.

서울에서 엄마가

나의 현아!

너의 멋진 모습은 쳐다만 보아도 힘이 된다.
지난 2012년 암 선고를 받고 참으로 많은 일이 지나갔다.
보통 암 선고 후 수술이나 항암치료를 하는데
나에게 진행된 암은
6번의 항암 치료와 38번의 방사선 치료
18번의 두 번째 항암치료인 허셉틴
그리고 호르몬 치료인 졸라덱스를 24번으로
작년 10월 14일 현이의 생일날에 마지막으로 했단다.

우울증과 불면증으로 우리 현이에게 직·간접적인 피해를 입게 해서
정말 미안하다.
힘든 시기에 엄마까지 힘들게 해서 정말 미안하다.
우울증과 불면증은 약물치료 중에 나타나는 부가적인 현상으로
나의 조절이 불가할 때도 있었단다.
그때 널 몹시 힘들게 했던 것이 지금도 마음이 아프다.

지난 8월에 정기검사 결과는 참 좋게 나와서 6개월 약을 처방받고

다시 2015년 2월 10일에 정기적인 종합 검사를 받았단다.
수술한 부위 근처가 몹시 심한 통증이 있었지만
검사는 끝났고 2월 26일 진료를 받으면 검사결과는 알 수 있단다.
검사하는 날이 엄마의 생일이었지.

연자 이모와 함께 맛있는 저녁을 태우 형과 먹었단다.
항상 마음속에 현이가 있어 언제나 힘이 되어 늘 고마웠다.
나의 아들로 태어나 인생의 긴 인연 속에 함께 함을 감사하게 생각한다.
나의 아들로 우리가 만난 것은 엄마에게 참 행운이었다.
항상 건강 하렴.

서울에서 엄마가.

소풍

비에 갇혀서 연지공원을 봅니다.
잠시 구름이 지나가나 싶더니 선물로 비를 내려서 쉬게 하고
어느 학교에서는 자율시간인지 학생들과 선생님이 연지공원에서
한가로운 시간을 보내고 있습니다.

저도 초등학교에서 처음으로 소풍을 갔지요.
작은 마을 작은 학교라서 보자기에 점심을 싸서 갔는데
도착을 해보니 우리 논 앞 논두렁입니다.
논에는 모내기로 모두가 바쁘게 움직이고 있습니다.

작은 것이 주는 선물은 참 많습니다.
김해 경전철은 두 칸으로 앞에 앉으면 시야가 넓어서
모든 사물이 들어와 눈이 시원합니다.
꼭 제가 운전사가 된 착각이 듭니다.
행복한 여행이지요.

날씨도 여행하기에 좋아서 다시 해운대로 갑니다.
늦가을의 바다는 초연합니다.
사람이 많지 않아서 걷기에 그만이지요.

그 많은 사람은 지금 어디에서 무엇을 할까요?

바람에 가을도 가려 합니다.
단풍이 하나둘씩 새 옷을 갈아입고
거리는 다시 낯선 사람들의 모습으로 바뀌고
우린 다시 자신에게 돌아옵니다.

눈이
참 나쁜 사람

저는 눈이 참 나쁜 사람이라 불편합니다.
컴퓨터를 할 때는 돋보기를 써야 하고
평상시에도 안경이 없으면 온 세상이 뚜렷하지 않아서
힘들 때도 있지만 좋은 점도 있습니다.

내 발밑의 땅조차 선명하게 보이지 않아서
영화《구름 속의 산책》이 매일매일 반복됩니다.
한 사람의 얼굴을 오래 기억하기 위해서는
몇 번이고 보아야 하고 머릿속에 깊이 새겨야만
실수를 줄일 수 있습니다.

처음부터 시력이 약해서 안경쟁이가 된 것은 아닙니다.
중학교 때 가게에서 자는데 옆집 미도파 옷 가게에 불이 나서
문산 극장과 우리 마산상회 등 몇 채의 가게들이
모두 불타 남은 것은 타다 남은 물건들이 전부였습니다.

지금도 생각이 납니다.
새벽에 눈을 잠시 떠서 보니 천장이 빨개 아버지에게
"천장이 빨개요" 했더니 자다가 잠꼬대를 한다고

처음에는 야단맞고 나중에는 진짜 불이 난 것을 알고
난리가 났지요.
난리도 그런 난리가 없지요.

타다 남은 밀가루 때문에
6개월 넘게 수제비와 칼국수를 질리도록 먹고
돈통을 들고나왔다고 생각했는데 정신을 차려보니
큰 괘종시계를 보물인 양 꼭 잡고 있는 내 모습에 자신도 놀랬지요.
우린 순간 자신이 최고를 가진 양하지만
꼭 쥐고 있는 것은 그냥 고물일 수 있습니다.

세 번째

기다림, 시간의 속삭임

첫날 첫 마음

첫날 첫 마음은 매일의 연속에
또다시 일상이 되고
새 계획도 어느새 식상해질 때
다시 마음을 바라봅니다.

감추어져 버린 일상 속에 삶과 죽음은
두 줄의 현처럼 반복되고
낯선 사람과의 새로운 삶은 나의 황무한 땅을
다시 개척하게 합니다.

시간을 바라보는 사람
시간에 묶여서 한탄하는 사람
시간 속에 자유로운 영혼을 바라보면서
어째서 내 마음은 더 비워만 가는지……

어둠 속에서 하루를 보내면서
얼굴은 전혀 표정이 없습니다.
부딪침이 없는 무상의 일상
시간도 삶도 쉬어가는 인생

감사합니다.
평범한 일상이 주는 무한의 행복을
부딪침은 서로의 또 다른 사랑임을
말은 작은 파동으로 누군가에게 생기가 되고
힘이 되는 것을…….

기대하던 새해
벌써 한 달을 강물처럼 보냅니다.
그 강물은 무겁습니다.
내 맘의 짐 모두 보내고
저는 가장 가벼운 걸음으로 새롭게 시작합니다.

오늘도 제 인생의 새날입니다.

여유 시간

계획된 시간보다 10분의 여유 시간은 자신의 삶을 풍성하게 합니다.
틀에 맞추어 진행하다 보면 예상치 못한 일들이
나의 시간 속에 파고들어서
실수를 하고 자신에게 속박당하기가 쉽지요.

미리 준비하고 여유 있게 하다 보면
추가 시간 속에 감추어진 나만의 창작을 즐길 수가 있습니다.
여유 있는 걸음 속에 몸의 속도도 느려져서
마음속에 작은 기쁨 하나 생겨나서 걷는 것에 즐거움을 더합니다.

나 홀로 잘살아 보겠다고
독립선언을 하고 나만의 코콘하우스로 이동하지만
세상은 홀로 생겨나는 것이 없고
언제나 누군가의 도움 없이 물질이 만들어지지 않습니다.

한 사람이 세상에 태어나기까지
100명의 인연이 만나야 소중한 한 사람이 이 세상에서
아주 특별한 삶을 살게 되고
누리는 자유가 자신이 지급한 대가처럼 착각하지만

우리는 무수한 사람의 사랑과 관심 그리고
손길 속에 살게 되는 인생이지요.

못생기고 상처 나고 벌레 먹은 나무도
예술가의 손에 의에 수만 가지의 작은 나무 작품으로 탄생되어
우리 삶의 곳곳에서 쓰이는 소중한 작품이 되듯이
우리도 자신과 누군가에게 소중하게 쓰이는 사람이기에 희망입니다.

오늘 육교를 올라가는데 무거운 가방과 힘없는 걸음,
축 처진 어깨로 땅만 보고 걷는 중년을 보았습니다.
남들이 즐거운 휴일에 나올 수밖에 없는 그 마음
명절은 다가오는데 가장의 책임에
편치 못한 그 얼굴이 내내 마음에 남아
우리네 작은 가정 살림의 넉넉지 못함을 알게 합니다.

그래도 우리는 누군가의 희망이고
아직 공개되지 못한 미래의 주연배우입니다.

함께 나누는
이야기

함께 나누는 이야기는 길고 느립니다.
갓 태어난 아이의 시야는 좁고 앞에만 집착하여
한 사람만을 사랑합니다.
돌보아 주고 바라보는 엄마라는 존재에
다른 사람에 대한 두려움도 특별합니다.

집을 떠나 다른 장소에 어울리는 때는 점점 자신만 봅니다.
모두가 생각과 욕심도 자신에게 한정되어
고집도 늘고 배타적이지요.

사회에 나오면 경쟁입니다.
욕심은 더 커지고 남이 다쳐도 눈도 돌리지 않지요.
먹고사는 것은 이제 전쟁이 되고
내일보다는 오늘이 더 급하지요.

가정이라는 울타리에 갇히면 다시
'우리'라는 이름으로 소유하고, 간섭하고 스스로 정의를 내리려 합니다.
작은 왕국이지요.
틀을 만들고 규칙을 세워서 우선순위도 정합니다.

남들이 말하는 책임질 나이가 되면
조금씩 자신의 모습을 다시 보게 됩니다.
점점 왜소해지고 가진 것이 없는 것에
세상의 낯선 이방인 모습을 거울을 통해 보지요.
어디에도 자신의 자리가 없으니까요.

이제 삶의 중간에 서면 이미 멀리 가 있는 선배를 보게 됩니다.
잘난 사람보다는 못난 사람의 모습에서 더
진한 애정과 사랑 그리고 미움을 알게 모르게 가슴에 담는
별로 넉넉하지도 못한 가슴이면서도
잔잔하게 남아 있습니다.

하나하나 정리하는 나이가 되면
가진 것에 대한 애착으로 잠 못 드는 사람도 있고
더 사랑을 나누지 못해 초조하거나 움켜지는 못난 사람도 보입니다.
어떤 이는 여전히 병상에 누워 남 탓만 하지요.
남은 친구가 없는 외톨이가 되는 나이가 되면
현재 있는 상태에서 그냥 나누려 합니다.
잠시 함께 이야기하고 웃고 천진난만한 얼굴에서

긴 세월을 읽어 봅니다.
그렇게 시간은 흘러갑니다.

오늘도 행복을 찾는 사람보다는
지금 옆에 있는 사람과 나누며 산다면 그것이 복입니다.

천 번의 흔들림

어제는 영광도서관에 갔습니다.
잠시의 여유를 조금 더 알차게 보내고 싶었기에
목요세미나에 참관한 사람들의 연배는
모두 60대가 넘어 시간상으로 여유가 있어 보입니다.
긴 노년의 삶에 대한 새로운 도전이 필요하고
느리지만 멈추지 않는 열정으로
다시 달려갈 길을 준비해야 합니다.
아직 남은 시간이 충분함으로.

천 번을 흔들려야만 어른이 된다는
책의 제목을 보면서 제 삶을 돌아봅니다.
천 번을 흔들리는 것은 천 번의 기회와 위기
그리고 인생의 세 번의 기회가 아닌
무수한 기회와 선택이 반복됐음을 새삼 깨닫게 합니다.
준비된 사람에게 기회는 늘 온다는 평범한 진리가
저를 다시 행동하게 합니다.

녹산산업단지로 가는 길은 온통 벚꽃으로 마중을 합니다.
낙동강 철새 도래지도 녹산산업단지의 가로수도

산과 동네에도 온통 벚꽃만 있습니다.
사계절을 함께 어울려 피는 가로수가 필요합니다.
나무의 단순화는 공기의 질을 떨어뜨려
나무도 산도 사람도 건강하지 못합니다.
서로가 어울릴 다양함이 필요합니다.

어느 목수는 자녀의 아토피 때문에
더 많은 나무에 대한 지식을 갖게 되었고
현재 사용하는 나무의 접착제 사용으로 인한 병폐를 알고
친환경 목재를 통한 자연치유를 선택합니다.
대량화가 아닌 자연적인 적은 소유가
오히려 사람에게 활력을 줍니다.
가구에 감추어진 진실을 보면서
참 욕심 많은 사람임을 알게 합니다.

어둠이 서서히 걷히면서 밝아오는 아침은
다시 하루를 꿈꾸게 하고
용서도 사랑도 시간의 마술사처럼
느리게 변화되어 가니 기다립니다.

한 마디가 주는 상처가 시간에 따라

새롭게 자신을 옮아가는 줄이 되고 희망이 되고

또다시 자신을 사랑하게 하니 모두가 고마울 따름입니다.

흐르는 물 1

흐르는 물에는 이끼가 생기지 않는다고 합니다.
우리 눈에 보이지는 않지만
물속에서는 생존을 위한 무수한 전쟁이 일어나고 있지요.
유유히 흐르는 물은 조용히
흘려갈 뿐입니다.

살면서 가슴에 쌓은 말들은 넋두리 되어
상대방의 벽을 향해서 소리치지만
언제나 빈 벌판의 바람 소리뿐입니다.
우리의 두 귀는 자신의 말만 듣고 있지요.

사람마다 우는 방식이 다릅니다.
소리 지르고, 싸우고, 아니면 침묵하든지.
가슴 하나 가득 채운 것은 나의 욕심이고
타인을 위한 공간에 내가 있어 늘 외롭습니다.

내리는 비를 보면서
그 조용함의 무게에 전 멈추어 버렸습니다.
지나간 세월의 순간은 찰나이고

현재는 산만한 무게처럼 내리고 흘러갑니다.

모여 사는 우리는 서로 다른 자신입니다.
한 사람의 탄생은 백 사람의 인연으로
이 세상에 온다고 합니다
서로가 서로에게 소중함을 알 때 우린 웃을 수 있습니다.

같은 시간대를 소유하면서
많은 눈빛을 봅니다.
눈빛에 감추어진 마음을 보면서 제게는 눈물이 됩니다.
내 삶과 상대방의 삶이 겹쳐서 보여 아픔이 되기에…….

언제나 감사합니다.
만남은 소중하고, 기회이고 다시 새롭게 하는 터전이기에
부딪치는 사람마다 인사합니다.
빛나는 인생을 보는 즐거움을 주어서

오늘도 가장 좋은 인생의 선물을 가졌기에…….

흐르는 물 2

흐르는 물처럼 지나가는 바람처럼
시간도 만남도 그러합니다.
무심코 감정에 휘둘려 내뱉는 말의 상처는
본인은 그때뿐이니 잊어달라 하지만

한번 나무에 못을 박고
빼내면 끝이라고 생각하는 사람들
나무는 못이 빠진 자리에 새살도 나지 않고
나무는 살아가는 내내 상처는 평생 지속됩니다.

묵묵한 순응의 긴 기다림
상처도 시간도 말은 없지만
자국은 내 안에서 또 다른 침전물을 만든다.
내 안에 싸움이 주는 또 다른 상처들

걷는다.
일상은 단 한 번도 같은 반복이 없다.
노점상의 두꺼워진 손등
경비원의 초점 없는 눈빛

환자의 희망 없는 표정들……

밸런타인이 주는 의미는 무엇일까?
자아에 대한 무상의 혼돈
삶에 대한 끝도 없는 애증
자신에 대한 사랑은 외롭지 않다.

새벽바람이 차다.
모두가 잠든 시간
흐린 가로등 불빛에 나의 사랑은 깊어간다
꿈이 점점 커지는 새벽에…….

하루를 인생의 보약 같은 마음으로 시작하는
자신에게 삶의 희망을 드립니다.

낯선 곳에서

낯선 곳에서 낯선 사람을 만났습니다.
살아온 환경도 다르고
삶도 다르지만
그 눈빛의 선함은
바라보는 나를 아프게 합니다.

낯선 곳에서 또 다른 자신과 싸워야 하는
절박함과 고통. 외로움 그리고 고독입니다.

때를 안다는 것은
일정 부분의 포기이며 시작이기에
참 어렵습니다.
생명보다 돈을 더 우선시했기에
때를 놓쳤고 결과는 삶의 제외된 자가 되어
기다리는 사람이 되었습니다.

삶의 이중주를 연주하며 감사가 넘치는 사람을 봅니다.
현재에 놓인 이별의 무게를 볏짚인 양 제쳐놓고
행복해 하는 것을 볼 때

감사할 뿐입니다.
그녀가 주는 순간순간의 웃음은 제게 보약이 되었습니다.

기다림은 나를 더 편히 바라보게 합니다.
인생의 절반을 살아왔을 뿐인데도
어느 순간 쌓인 기억 속에
좋은 추억이 아침이슬처럼 많은 것을 보니 행복합니다.

이른 아침 빈 길을 홀로 걷습니다.
이슬 먹은 들풀 그리고 향기로운 냄새, 싱그러운 아침 공기
촉촉이 젖은 길을 맨발로 걸어 봅니다.
긴 침묵
아무도 없습니다. 홀로임에 그저 감사할 뿐입니다.

나는 없고 자연의 고요가 모든 것을 말해줍니다.
빠름이 아닌 느림의 미학이 주는
황홀한 아침입니다.
오늘은 그 고요가 주는 메시지에서 마음의 눈을 열어 봅니다.

삶은 축복입니다.

힘들 때에도

힘들 때에도 바람에 흔들리는 민들레 씨앗 같은 희망이 필요합니다.
잠재의식 속에 감추어진 조그마한 상처들이
살면서 또 다른 얼굴로 나를 힘들게 하고
지치고 주저앉고 싶을 때에도
자신을 향한 사랑을 멈출 수는 없습니다.

가끔 내가 나를 봅니다.
나는 어떤 모습으로 타인에게 기억되고
추억 속에 무슨 색깔로 남겨질까?
혹시 삭제된 PC의 화면처럼,
낙서장의 낙서처럼,
구겨진 화선지의 그림처럼,
버려지는 것은 아닐까 하여
두렵기도 합니다.

어떤 분은 신경쇠약, 말더듬증, 대인기피증, 마비 증세들이
무의식 속에 감추어진 자기암시의 부산물이라고 하지만
본인들은 더 많은 고통과 자기 인내의 삶을 표현하고 있습니다.
더욱 자기다워지기 위한 끝없는 내면의 싸움입니다.

그 모습이 눈물겨워서 차마 저는 바로 볼 수도 없습니다.
삶의 노래이기 때문입니다.

평상시에는 10분이면 올 수 있는 계단 길을
너무나 높고 멀게 느껴지고 힘들어서
세 번씩이나 쉬면서도 힘들게 걸어 봅니다.
급하게 걸어온 인생길을 잠시 여유롭게 살아보라고 하는데
50년의 세월을 다시 짜깁기를 하는 것도 쉬운 일은 아닙니다.

가족이 있어 참 좋습니다.
나를 먼저 생각해 주고 챙겨주니
그저 눈물 나고 마음이 아프기도 합니다.
친구가 있어 무심코 보낸 세월이 아님을 알게 하니 감사합니다.
오늘도 뜨거운 태양이 고맙고
내 볼에 타고 흐르는 바람이 싱그럽기만 합니다.

최고의 자생력과 면역력은
자신의 삶 속에 작은 생활공간 속에 가득 들어 있다고 합니다.
오늘도 웃고 행복한 하루 보내세요. 오늘은 선물입니다.

솔개의 노래

솔개의 노래가 생각나는 하루입니다.
솔개는 40년이 되면 갈림길에 선다고 합니다.
이대로 자연적인 삶을 마감하느냐 아니면
더 삶을 지속하기 위해서 생사를 건 모험을 하느냐입니다.
일반적인 솔개는 자연적인 삶을 마무리합니다.

그중에 더 다른 삶을 살기 위해서
가장 높은 곳에 둥지를 만들고
사냥한 먹이를 제대로 먹을 수 없는 낡은 부리를
바위에 깎아서 새 부리가 나도록 하고
크고 무거운 날개는 늙은 솔개에게 짐이 되므로
깃털을 뽑는 고통을 감수하면서
다시 새 깃털이 나도록 합니다.

사냥감을 잡을 수 없는 발톱은 무디고 굽어서 다시
새 부리로 낡은 발톱을 뽑는 고통을 감수합니다.
이렇게 새 삶을 위한 모든 준비를 하는 데는
6개월 정도가 소요된다고 합니다.
그리하면 다시 30년을 장수하는 솔개가 됩니다.

우리 삶도 이러한 기로와 선택을 하는 순간들이 옵니다.
두려움으로 도망치기도 하고 힘을 다해서 싸우기도 합니다.
결정은 언제나 자신의 몫입니다.
결과도 물론 자신의 몫입니다.

항상 있는 자리에서
삶을 길어 올리는 두레박의 의미처럼…….

오늘도 행복하게 지내십시오.

그리운 이름

그리운 이름이 된다는 것은
이미 같은 세상을 공유할 수 없는 사람입니다.
남겨진 사람의 유산처럼
희로애락의 추억이 되어 우리 삶의 또 다른 희망이 되었습니다.
그분은 우리들의 아버지이십니다.

90년 이상의 긴 세월 속에
세상이 달라지고 물의 탁함 같은 시간의 연속
마음이 무너지고 다시 일어나기를 수십 번
그렇게 벚꽃이 활짝 피는 날,
하늘이 열리는 날에 조용히 가셨습니다.

이제 우리는 다시 누구의 아버지 어머니가 됩니다.
넘겨받은 마라톤경주에서 우리들의 역할이 배정되고
가장 두렵고 무서운 심판관이 앞에 있습니다.
그것은 우리들의 자녀입니다.

지금은 그저 지켜보지만,
때가 되면 주저 없이 판단하고

자신들의 인생 그림을 그리면서 달려갈 것입니다.
선대가 내민 도화지는 엷은 밑그림만 있지만
후대는 가장 아름답고 멋진 그림들이 완성됩니다.

주말에 내린 비로 정말 하늘이 높고 맑아서
가을인가 착각했습니다.
선선한 공기가 너무 싱그러워서
잠시 봄의 향기를 접고 빠진 사념
이토록 오랜만에 머리를 높이 쳐들고
하늘을 보는 행복은 잠시의 여유가 주는
선물이기에 감사할 뿐입니다.

오늘도 자신에게 가장 멋진 선물을 하는 좋은 하루 보내세요.

특별한 만남

아주 특별한 만남은 자신을 돌아보게 하고 성숙하게 합니다.
말로만 들었던 분을 처음 뵙던 날
알지도 못하는 설렘이 있었습니다.
반년을 문자로만 인사를 드린 분이지요.

세상에 저토록 빛나는 사람도 있구나 했지요.
겉모습은 늙고 환자복을 입고 왔지만 두 눈은 청년처럼 빛나고
가슴은 아직 이루어야 할 꿈 하나에 뛰고 있고
어떤 계획과 어떤 사람을 써야 꿈을 이룰지 목표도 분명했습니다.

짧은 30분의 만남이지만 사람이 늙을수록 사람다움과
시간의 길이만큼 깊어지는 안목과 다음 세대를 향한 사랑만을
가슴에 갖고 있다면
늙는 것도 정말 아름답다고 할 수 있습니다.

세 번째 큰 병이라는 산을 넘어보니
산다는 것이 너무 힘들고 어르신들이 위대해 보였습니다.
계절마다 자녀와 자신과 가족의 삶의 무게를
함께 지기는 그리 쉽지 않지요.

큰 나무의 나뭇잎들은 바람에 흔들림이 멈추지 않으니까요.

바람이 붑니다.
희망은 새날 새해에만 오는 것이 아니라
꿈이 있는 지금
저에게도 새 희망으로 가슴이 벅찹니다.

오늘도 바람이 전해주는 쉼의 미학으로
자신을 돌아보는 귀한 하루가 되시기길 기원합니다.

바쁜 하루

오늘도 참 바쁜 하루였습니다.
그중에서도 제가 좋아했던 것들이 생각났습니다.
새벽잠에서 깨어 대문 맞은편의 대숲과 반딧불들의 잔치
홍수 나던 날에 큰 다리에 발목까지 물이 차던 기억

언제나 홀로 가던 외할머니 산소에
하얗게 피던 목화와 할미꽃은 제가 참 좋아하지요.
빈집에 있기 싫어서 홀로 걷던 자유로의 판문점
학교 실과 시간에 키우던 누에와 학교 텃밭 가꾸기

처음으로 흑백 TV가 집에 왔을 때
처음 본 '황태자의 첫사랑' 영화도 여전히 그립습니다.
안양에 와서 컬러 TV에서 들었던 '캔디'의 주제가도
이 나이에 기억하고 있습니다.
다락방에서 몰래 듣던 '밤을 잊은 그대에게'라는 라디오 방송

인생의 시간이라는 것이 참 많이 지나온 것과
앞으로의 시간은 더 소중하고 빛나리라는 설렘에
오늘도 하루가 지나갑니다.

비 온 뒤에 무지개가 아름다운 것처럼

이제 시작은 매일 진행됩니다.
가족과 지인들과의 만남도 자신이 어떻게 보느냐에 따라서
인생의 거름도 되고 빛도 됩니다.
서로에게 빛나는 사람이 되는 것이 참 인생의 동행입니다.

오랜만의 외출

오랜만의 외출을 준비합니다.
반갑고 정다운 사람을 만나기 위한 긴 여행길
기차표를 예매하고 설레는 맘에 준비 차체가 기쁨입니다.
4년이라는 세월 속에 그리움이 자리했기에 더욱 소중합니다.

말로 받는 상처와 폭력은 고스란히 가슴에 상처가 되고
이제는 흉터가 되어 내 맘에 남아 있지만
안다는 그 하나로 내게 남겨져도 저는 웃으면서 찾아갑니다.
상처는 나의 것이고 만남은 모두에게 축복이며 기회이기에.

그래도 "미안합니다"라고 얘기를 하는 사람이 있으니
얼마나 좋은지 모릅니다.
어떤 사람은 자신이 타인에게 지인에게 준 상처를 몰라라 하니까요.
잊는 것도 축복이라고 할 수 있습니다.

요즘은 한 달에 세 계절의 날씨를 만납니다.
아침에는 봄날 같은 따뜻함이
한낮은 태양으로 정열적인 여름 열기가
저녁은 차가운 가을처럼 냉기가 돌지요.

인생도 그렇게 다양함이 함께 존재합니다.
더불어 살아야 정말 살맛이 나는 세상
독불장군도 아니고 군중 속에 고독도 느낄 수 없는 세상은
언제나 나의 잣대입니다.

추억 기차

너무 더워 지친 하루
어제는 친구를 만난다고 울산 근처의 덕하역에 갔습니다.
아담하고 작은 간이역
장난감 같은 간이역은 오랜 친구처럼 다정하고
추억 속의 그림처럼 아름답습니다.

남창역에서 다른 열차를 보내기 위해서 5분간 정차할 때
그때에 보았습니다.
멈추어야 보일 수 있는 것들을
허공 속에서 춤추는 빨간 고추잠자리가 정말 멋집니다.
어린 시절 그리움이 잠자리 날갯짓에 함께 피어오르니 참 행복합니다.

4칸짜리 열차가 젊음과 함께 달리니 느림보 거북이라도 좋습니다.
두 명씩 또는 여러 명이 짝을 지어서
벌써 여름 여행을 하는 젊음이 부럽습니다.
저도 젊음을 노래하던 때가 있어나 그립기도 합니다.

마산에서 출발해서 늦은 밤에 도착한 서울 신촌역
세상에 태어나 처음 탄 기차는 신기했고 어둠은 두려웠습니다.

그렇게 문산과의 인연은 시작되었고
겁 많은 사투리로 가슴에 멍이 들기도 했습니다.

기차는 추억을 선물해 주었습니다.
시간을 뛰어넘어 어린 시절과 현재를 연결해 주는 끈 같습니다.
짧은 여행이지만 제게는 긴 추억의 시간이고
추억의 한 장 사진처럼 있습니다.

사람 구경

세상에서 최고 재미있는 구경 중에 하나는 사람 구경입니다.
길을 걷다가, 버스 안에서, 계단에 서서, 전철에서, 기차에서
그냥 무심히 걷다가 길에 누운 사람을 보았습니다.
개똥이 옆에 말라가는데도 대낮에 잠에 취한 사람을 보면서
삶을 다시 보게 합니다.

다섯 시간 넘게 서울로 가는 무궁화호에서
쉬지 않고 자신의 이야기에 취한 사람에게
저는 그냥 듣고만 있습니다.
나의 10년 후도 아마 그런 모습이 아닐까 해서요.

너무 더워서 백화점에 앉아서 지나가는 사람을 구경합니다.
나이도 구분 없이, 빈부의 격차를 넘어 그 순간의 사람을 봅니다.
사람마다 머리 스타일, 옷차림, 화장법, 액세서리, 표정까지
시간은 춤을 추듯 돌아갑니다.

60대의 몸에 10대의 옷을 걸친 모습에서 초라함이
20대 30대의 젊음이 그립기도 하지만
그래도 자기 나이에 맞는 멋이 가장 좋습니다.

나이 먹은 세월의 위대함은 있는 대로 사랑하는 것입니다.

일 년의 절반이 갔다가 아니라
남은 절반을 어떻게 자신의 인생 드라마를 만드느냐가 중요합니다.
타인의 인생 조연이 아닌 자신의 인생 주연으로 만드는
결정과 책임은 언제나 자신입니다.

자신을 세우는 일

1%의 기적과 무너짐을 봅니다.
면역력 1%가 부족해서 대상포진에 걸려서 고생하면서
삶의 전쟁도 그러하지 않을까? 하는 생각이 듭니다.
늘 작은 생각들이 다른 큰 줄기들을 흔들어 놓습니다.

비가 내린 뒤로는 선선한 바람이 불고
조석으로 찬 공기는 선뜻 가을을 기다리게 하며
한 해의 노고도 비움도 철저하게 보게 합니다.
시간은 어김없이 흐르고 있습니다.

그렇게 기다리던 비는 갈증 나게 내리고
대지는 30분도 안 되어서 다시 더워집니다.
어쩌면 사람의 변덕이 그러하지 않을까 생각합니다.
하늘도 땅도 변화에 무심한 듯이 지나갑니다.

저는 삶과 매 순간 싸움을 합니다.
생존을 위한 자신과의 싸움은 무력해진 자신을
매일 일으켜 세우면서 사랑하는 것입니다.
자기 자신을 세우는 것이 이토록 힘이 드는 것인지 몰랐습니다.

한 주가 보내는 달과 새로운 달이 겹쳐 있습니다.
지나온 과정을 되돌아보면서 새 달을 계획합니다.
8월은 더위로 모든 일에 인내를 요구하고
9월은 천천히 진행하는 충만한 달입니다.

기억의 의미

기억한다는 것은 의미가 많습니다.
기억은 현재의 상실이며 과거 여행입니다.

70년을 살았지만 한 줌 재가 되어 뿌려진 분
우리 기억 속에 남은 희미한 삶은 참으로 마음이 아프지요.

생전에 자식이 없어 늘 외로웠던 분
업이라면서 마지막 지친 삶의 의미도
숙명처럼 받아들이고 살았지만
이제는 누구도 기억하지 않습니다.

이름도 지워지고 삶도 지워져서 한 대가 지나면
모두에게 잊힌 사람이 되지요.
정말 소중한 것이 무엇인지 생각하게 합니다.
연대 속에 숫자로 기억되는 사람들입니다.

촛불을 밝힙니다.
어머니이고 아버지이고 또 누군가의 가족이었을 사람들
나의 생존에 기억되고 남김없이 사라지는 사람들
우리는 그렇게 삶을 이어가고 있습니다.

늘 선언을 합니다.
존재에 대한 자신의 확인이며 삶의 지향들을
100년을 통해 볼 때 과연 남은 사람은
무슨 말을 할까요.
삶에 대해서…….

열한 개의 기억

열한 개의 기억 속에 들어있는 추억들을 봅니다.
촛불 하나 밝혀두고 놀이를 합니다.
시간 속에 가려지고 덧칠하고 보이는 것들이
아름답습니다.
언제나 그곳에는 어떤 모습이든지 있습니다.

부산 불꽃축제 속에도 추억이 있습니다.
사람에 밀려갔던 인파 속에 내 모습이 있고
그들의 눈 속에 비친 낯선 얼굴이 되기도 했던 이방인들
우린 그렇게 익숙해져 가는 사람들입니다.

잘 걷지도 못하는 늙은 사람이
감당하지도 못할 무게의 폐지를 끌고 가다가 넘어집니다.
등은 굽어져서 펴지지도 않는데 연신 손을 움직입니다.
삶이 주는 이력을 소리 없이 감당하면서…….

알든 알지 못하든 짐을 지고 갑니다.
태어난 그 순간부터 진행된 우리들의 삶은
매 순간 선택 속에 이어진다는 짧은 진리가 업이 되고 희망이 되어

우리 또한 그 무게를 견디고 있을 뿐입니다.

견디는 것이 힘입니다.
다시 일어서기 위해서 기다릴 뿐입니다.
불어오는 바람이 친근하여 부산 시내가 다 보입니다.
낯설기도 하고 친근하기도 한 이방인의 세계입니다.

생각 상자 하나

걷는다는 것은 몸의 많은 기관들이 움직일 때 가능합니다.
소리를 내는 것도 보는 것도 늘 내 안의 에너지를 통해
새로운 것을 만들어 내는 작업입니다.
지난 시간은 한 점과 같고 오늘은 길고 깁니다.

텅 빈 머릿속에 작은방 하나 열어 봅니다.
사방이 막혀 어둠과 고요만이 있어 스스로 묶여 있는
초라한 자신을 봅니다.
자기가 만든 틀에 자신이 갇혀 있는 통제 불능의 상태.

새해에는 한 살의 나이에 무게를 지는 것이 아니라
내 안의 벽들을 하나씩 깨고 부수는 작업을 해야
다시 더 넓은 대지 위에 빈터가 주어진다는 의미를 새기며
느리게 사는 자유를 누리며 사는 해가 되길 빌어 봅니다.

항상 손에 짐을 들어야 내 것이라 여겨 욕심쟁이가 됩니다.
하지만 지금 제 손에는 텅 비어 다시 잡으려 합니다.
욕심이 아닌 생각 상자 하나를.
지키지 못한 꿈들의 잔상들이 다시 떠오릅니다.

내 소박한 꿈들의 파편들이 늘 내 안에서 남아
다시 시작하고 현재형이 되어 있음을 알게 합니다.
돌아오는 길은 행복합니다.
쉴 공간 속에 다시 채우려 합니다.

현재의 내 몸,
　　미래의 자신

비가 내린 후 날씨는 상당히 추워졌습니다.
몸도 마음도 긴장을 해야 합니다.
따뜻한 물 한 잔이 시간을 붙잡고 잊힌 것들을 바라보게 합니다.
바로 앞에 사람을 두고 모른 척 지나가던 지인.

모습은 잠시 변할 수 있습니다.
병으로 수심으로 몸은 그때에 맞는 형상이 되어
수척하고 초라할 수 있어도
원래의 형태에서 그리 많이 변하지는 않지요.
마주하는 사람은 이득에 따라 타인을 무심히 잊기도 하고요.

잠시 잊힌다고 자신의 삶이 전혀 달라지지 않습니다.
찰나의 시간 속에 생로병사와 희로애락이 함께인 것을 알기에
따뜻한 눈길로 바라보아도 여전히 타인인 것을
만남과 이별은 우리의 생각 속에서 여러 모양으로 남게 됩니다.

몸은 언제나 현재에 산다고 합니다.
자신의 몸속에 살아온 과거의 흔적들을 기억하고
또한 그 흔적들이 모여서 미래의 자신이 된다고 합니다.

현재의 내 몸을 어떻게 건강하게 하느냐가 미래의 지신이 됩니다.

바람 소리가 대숲의 노래처럼 들리고 외로운 거리가 정답게 보일 때
이제 이곳도 낯선 곳이 아닌 고향이 되어 갑니다.
1월은 철저한 자신만을 위한 달입니다.
자신만을 통해 가정과 사회로 이어지는 모든 것을 바라봅니다.

한 달에 한 날

갑오년 새해에는 새로운 날을 만들었습니다.
한 달에 한 날을 정하여 자신만을 축복하기로 했습니다.
여행도 하고 영화도 보고 홀로 앉아서 차 한 잔도 하고
무작정 걷기도 합니다.

지금까지 살아오면서 작은 것들을 놓치고 살았다면
이제 그 작은 것에 마음을 주려고 합니다.
동네 한 바퀴를 종일 걸어보는 것도 좋지요.
사람들의 차림새에서 여러 새 대간의 유행을 생각해 봅니다.

저희 어머니는 언제나 강가에 앉아서 무수한 생각을 했습니다.
강이라 하니 홍신자 씨의 '마하무드라의 노래'라는 책이 생각납니다.
20대에 읽고 무척 이교도의 신앙에 또 다른 탈출구를 보았지요.
세월의 나이만큼 책은 다른 옷을 입고 찾아옵니다.

오십이 넘어서 늘어난 것은 눈물입니다.
그리움이 너무 커서 이제 생각만으로도 눈물입니다.
땅에 묻힌 사람은 말이 없건만
남은 사람은 무수한 변명으로 날이 새지요.

그렇게 말의 파장은 또 다른 날의 추억이고 아픔이 됩니다.

지금도 제가 가장 좋아하는 할미꽃은 그 계절이 되어야 핍니다.
홀로 빈 산소 옆에 앉아서 보던 할미꽃 목화 꽃이 너무 보고 싶습니다.
우리 아들은 제 할머니를 기억하지 못합니다.
저 또한 어느 세대에 잊힌 사람으로 남겠지요.

기다림과 인연

공간마다 소리가 다르다고 합니다.
나의 소리는 자신에게 어떻게 들릴지 궁금합니다.
음악도 악기의 배치에 따라 음색이 다르게 들리고
커피 잔도 종류에 따라서 커피 맛이 다르다고 합니다.

사람과의 만남도 또 다른 파동이 되어 나를 새롭게 합니다.
낯설지만 조금 익숙해지는 시간처럼
우린 세월을 알고 있기에 편안한 마음으로 서로 바라봅니다.
한 사람을 통해서 이어질 작은 만남을 기다립니다.

들꽃은 햇빛을 찾아 옮겨 다니지 않는다고 합니다.
기다림과 인연은 바람 같아서 때를 볼 줄 알지요.
작은 무당벌레도 높은 꼭대기에서 비상하듯이
우린 늘 조급하게 선택하고 빨리 후회하는 경향이 있지요.

잠시 묵상하듯이 앉아서 기다립니다.
사람도 아니고 내 안에서 무수한 생각이
서로 다투어 나를 힘들게 합니다.
어쩌면 욕심이라는 그릇 속에 먼저 앉아서

채워지는 것을 보는 것은 아닌지
그릇들이 제각기 다른 소리로 사라질 때
오직 빈 공간의 자신을 봅니다.

아직은 기회가 있음을 감사합니다.
자신을 사랑할 수 있는 기회, 실패를 만회할 기회
불신을 회복할 기회 그리고 다시 시작할 기회를
이제 남이 주기보다는 스스로 만들어 보려 합니다.

터널 밖

벚꽃도 피고 목련도 피는 3월에 조용히 이슬비가 내립니다.
어제는 센텀시티 영화의 전당에서 중국 영화를 3편이나 보았습니다.
다른 환경 다른 언어로 사랑과 삶을 노래하고 있었습니다.
기억은 아무런 변화를 만들 수 없다는 말은 내면에 쌓인 분노입니다.

신세계는 낯설고 두렵기도 합니다.
똑같은 일상 속에 다른 세계를 인정하는 것은 힘이 듭니다.
긴 터널을 통해 밖으로 나오니 빌딩 숲과 넓은 도로 낯선 풍경입니다.
사람들은 표정 없는 모습으로 걸음 또한 무겁고 바쁩니다.

3월의 화이트데이로 상점마다 선물이 가득하고
그 속에 자신의 잊힌 모습이 있습니다.
자신에게 먼저 지급하지 못한 삶의 형태가 초라합니다.
우리는 누군가에게 기억되는 소중한 사람인지요.

날씨의 변화는 새로움과 익숙한 것 모두에게 도전입니다.
이런 날은 돌아가신 나의 어머니가 참으로 보고 싶습니다.
불평 없이 사신 삶, 모든 것 내려놓고 많은 것을 유산으로 주셨지요.
저는 그 유산의 일부를 가지고 살아가고 있습니다.

유리창에 비친 제 모습은 흰머리가 참 많아 우습기도 하지만
그것은 제가 저 자신을 확인하는 모습이기도 합니다.
다른 사람의 시선에 자신을 놓아버리지 않기 위해
똑바로 자신을 바라보기 위해 더 자신을 사랑하기 위해서입니다.

삶은 언제나 오르막길

어느 정신과 의사님의 특강을 들은 적이 있습니다.
일반적으로 인생의 노년을 내리막길이라고 하는데
그분은 언제나 삶은 오르막이라고 했습니다.
정말로 매일은 새날이고 첫 경험임을 알게 되었습니다.

숫자의 나열을 통해 우린 멈추어 버린
과거 숫자에 사는 사람들이 아니라
과거와 현재 그리고 내일이라는 3차원의 세계 속에
삶의 그림들이 달라지는 것을 다시 느낍니다.
잠시 잊어버린 시간 속에 미아가 되는 것은 새로운 시도입니다.

기다림이 주는 무한한 에너지 속에 늘 잃어버렸다고 주저앉지만
또 다른 창을 통해서 다시 바라보니 신세계입니다.
다각적인 시야가 새로운 기회를 만들고 나비효과처럼 다시 돌아올 때
신의 선물처럼 우린 감사합니다.

시멘트 바닥 틈으로 이어지는 쑥의 강한 생명력은
기회는 그냥 기다리는 것이 아니라 전쟁처럼 만들어야 함을
숙명이라 받아들인 비열한 자신을 보게 합니다.

운명은 만들어 가는 것임을 늘 잊고 사는 자신의 나약함을 직시합니다.

증산공원에 바람이 차갑습니다.
3월의 꽃샘추위가 봄을 감추려 하지만 나무의 새순과 꽃은
어김없이 계절을 노래하고 바람과 함께 오는 기적을 보게 합니다.
오늘은 참 감사합니다.
또 하나의 계단 그리고 또 다른 기회를 주심을…….

독립

독립선언!
개인의 성장을 위해서 반드시 넘어야 할 부분이지만
울타리를 치고 각자 삶의 독립을 주장합니다.
우리보다는 철저한 개인적인 사고가 우선되지요.

그것은 다른 것에 대한 이별입니다.
권한 안에서 다른 권한이 생겨 서로 침범을 못 하게
경계가 세워지고 영역이 나누어집니다.
세대 간의 환경은 전혀 상상할 수 없는 세계입니다.

우리의 눈은 하나로 삶을 바라보았지만
젊은 사람들은 다양한 눈으로 세계를 직시합니다.
연결고리는 사라지고 새로운 영역에 익숙한 사람들
우린 그들에게 낯선 사람들이 됩니다.

빛을 비추려면 어둠으로 들어가야 한다고 하지만
현실의 한계는 우리가 만들지 않습니다.
이미 바통이 넘어갔고 이방인이 되지요.
초 단위 싸움에서 밀려난 우리의 무력을 봅니다.

4대가 공존하지만 삶은 전혀 다릅니다.
이제 우선순위도 달라졌고 세상은 빠르게 변하지요.
각자의 길을 가지만 그래도 우린 하나입니다.
가족이기에 가능합니다.

몸살

그리운 날에는 감기처럼 몸살을 앓고
그때 그 시절 친구들이 너무 보고 싶습니다.
한 친구만을 유일하게 사랑하고
언제나 그 친구가 가슴에 남아 있습니다.

지금도 계절의 변화가 생기면
마음속으로 친구의 이름을 불려 봅니다.
잘 있는지 건강한지 아니면 살아있는지 등
유난히 흰 피부에 큰 얼굴 별로 말이 없었지요.

7년간의 편지는 친구를 만나려 법원리에 갔습니다.
그날은 엄청나게 눈이 내려서 쌓인 눈이 무릎까지 왔고
친구 어머니가 다시는 연락을 하지 말라 했을 때
편지는 끊어지고 서로 만날 수 없었습니다.

즐거울 때 슬플 때는 언제나 친구 생각을 합니다.
살아 있다면 자녀는 어찌 되는지
남편은 어떤 사람일까 몹시 궁금합니다.
지금도 법원리에서 행복한 가정을 만들면서 살까 하고요.

30년의 세월이 흘려갔지만 언제나 어제처럼 생생합니다.
단발머리에 덩치가 큰 친구 전학을 왔는데도
낯설어 하지 않고 당당했던 나의 멋진 친구
지금도 보고 싶습니다.
초등학교 때의 친구가 그립습니다.

견디는 것

요즘에는 너무 더워서 사는 것이 아니라 숨쉬기입니다.
시원한 물을 마셔도 그때뿐 다시 온몸은 땀으로 가득 차고
그늘로 피신한 나는 땡볕에 있는 나무와 풀을 보니
그저 고개가 더욱더 숙여집니다.

해변도 사람으로 만원입니다.
자유라는 이름 아래 자신만 바라보고 흥에 겨울 때
누군가는 마음에 상처도 되고 자연은 몸살을 합니다.
지나침이 모자람보다 못한 것이지요.

아무리 혼자서 더위와 싸워보지만
매 순간 매시간 두 손 들고 있는 연약한 사람입니다.
더위는 벽을 통과하기도 하고 땅에서 반사광이 되고
사각지대 없는 햇볕의 힘은 참으로 놀랍습니다.

사람은 생각의 사각지대에 놓여서 갇힌 영혼이 될 때도 있습니다.
보고 싶은 면만 고정되어 있고 타인에 대한 배려는
좀처럼 찾아보기 힘이 듭니다.
특히 자신 안에 갇혀서 나오기는 정말 힘듭니다.

그래도 사람들의 발걸음은 가볍습니다.
여름은 잠깐이고 우리의 삶은 지속하니까요.
견디는 것 견디어 가는 것이 일상이고 인생입니다.
계절이 지나가면 이 또한 추억입니다.

네 번째

계절, 겨울에서 봄 여름 가을

겨울 준비

한 해를 마무리합니다.
추수도 끝났으니 가을 들녘은 다시 생명을 잉태하기 위한
긴 겨울을 준비합니다.
10월은 가능성을 넓히는 도약의 시작입니다.

분주했던 마음도 내려놓고
다시 서로 바라보는 시간입니다.
이제 낯설지 않은 상대가 친근하게 느껴지고
우리 마음은 채워져 있어 외롭지가 않습니다.

따뜻한 차 한 잔이 그리운 시간
김남조의 "후조"라는 시가 생각납니다.
학창 시절에 늘 박인환의 "목마와 숙녀"는 사고의 시작이고
언제나 시속에서는 어릿광대가 됩니다.

햇볕이 따스하게 느껴지는 하루
바람이 서늘하여 산책하기에는 참 좋은 날
걷고 또 걷습니다.
따라오지 않는 그 무엇 때문에 마음은 홀로입니다.

농부의 마음이 그러하였을까요.
매번 변하는 땅과 하늘을 보면서
삶의 또 다른 얼굴을 기대하지는 않았는지.
그렇게 가을은 짧고 빠르게 지나갑니다.

겨울의 쉼

겨울에는 쉬어 간다고 합니다.
그 바쁜 많은 날이 바람처럼 사라지고
벗은 나목처럼 그냥 버티고 있습니다.
바람에도 흔들림이 없이

많은 잎이 무성할 때는 작은 바람에도 흔들리더니
모든 것을 내려놓은 지금은
사소한 작은 바람에도 내색이 없습니다.
삶의 연륜처럼 커다란 바위처럼

연말이라고 차곡차곡 배달되는 달력과 연하장들은
시대를 대변하는 유행처럼 옷을 갈아입고
저마다의 생각에 인사는 다르지만
같은 말입니다. 무탈하셨는지요.

저녁이면 거리에는 자동차의 불빛으로
거리는 다른 모습으로 우리를 바라보지만
기다리는 사람에게 익숙하지도 낯설지도 않은 모습이
우리는 그 순간에 젖어들 수 없는 사람인지 모릅니다.

새날 새 태양을 기다립니다.
조금씩 변해가는 달의 기울기를 알 수 있듯이
삶의 모습들이 아주 조금씩 변해가는 것을
내 안에서 기다립니다.

빗소리
그리고 바람

　사람들은 그들의 집으로 가고 나무는 내리는 비를 소리 없이 맞이하고 있습니다. 우리 응암동에는 언제부터인가 낯선 여자의 묘한 자리 지킴을 하고 있습니다. 시장 바로 옆에 통행도 잦지 않은 거리에서 좌판을 벌여놓고 고개를 숙이고 있습니다.

　아침부터 저녁 늦은 시간까지 쪼그리고 앉아서 바닥만 보고 있지요. 팔리지 않은 귤 두 봉지 세상과 담을 쌓은 듯, 고개 숙이고 목도리까지 감은 묘한 여자분은 긴 시간 속에서 무슨 상념이 많은지…….
　매일 그분을 보지요. 한 번도 다른 자세가 아닌, 쪼그려 앉아 두 손을 맞잡은 모습은 무슨 수도승 같습니다.

　우리 집으로 이사 온 화분용 수선화는 하루에 두 개의 꽃을 피우더니만 오늘 아침에는 밤새 다섯 개의 꽃이 앞다투어 피어 자랑을 합니다.
　꽃은 사람과 달라서 경쟁하지 않습니다. 시기와 때가 되면 이렇게 밤사이 사람이 모두 잠든 시간에 조용히 힘껏 꽃을 피웁니다.

　어머니는 참으로 화초를 많이 키우셨습니다. 여러 종류의 꽃들을 키우면서 외롭고 마음 아픈 상처들과 고통을 위로하며 낙으로 삼으셨지요.
　사람에게 상처받고 그 상처를 돌려주지 못해 오는 자신 속의 자신과 싸우면서 언제나 웃던 나의 어머니는 긴 베란다에 무수한 꽃과 나무들에 인사하면서 풀었지요.

 오십이 넘어서 다시 바라보는 꽃은 그냥 꽃이 아닙니다. 꽃 속에 숨어있는 생명력과 추억이 함께 나에게 다가옵니다. 꽃을 좋아하고 아이들을 좋아하면 차츰 늙어 간다고 사람들은 말합니다. 늙어지는 것 또한 새로운 경험이고 과거와 현재 그리고 미래를 위한 아름다운 노래입니다.

 어제 내린 비에 소소한 작은 바람이 태극기를 휘날리게 하듯이 도서관의 깃발도 흔들립니다. 봄바람이 불어야 가지가 움트고 새싹이 무거운 땅을 박차고 고개를 내밀듯이…….
 자연의 작은 몸짓은 어느 것 하나 의미 없는 것이 없습니다. 사람들은 언제나 자신의 이익에 의해 눈앞을 막지만, 자연은 더불어 공존함을 보여줍니다.

 싱그러운 아침 바람은 어제의 묽은 생각들을 바람에 날려 보내라고 합니다. 너와 내가 아닌 우리가 함께 살아가는 세상. 조금 더 천천히 걸어가려고 합니다. 바람과 흙이 주는 냄새에 어느새 고향의 깊은 사랑과도 같은 포근함이 저를 자유롭게 합니다.

봄이 오는 길목

그렇게 바람이 불더니 어느새 목련이 꽃망울을 품고 있었습니다.
오래된 백목련은 기나긴 겨울을 기다림 속에 서 있습니다.
가지마다 넘치게 품은 꽃망울이
찬란한 봄을 준비하고 있음을 알게 합니다.
우리는 겨울 동안 날씨 탓에 사람 탓에 환경과 정부 탓으로
시간을 소비하고 있었지요.
그래서 사람과의 마음은 벽이 되고 강이 되고 바람이 되어
서로에게 상처를 주지만 원인을 알지 못한 채 서로를 마주 바라봅니다.

강화도 교동에도 해풍으로 땅은 다시
새로운 세상을 준비할 일을 합니다.
무섭게 부는 바람은 땅을 쓰다듬고 잎을 내게 하며
그 바람에 나무는 겨울잠을 끝내고 봄을 준비합니다.
거센 봄바람이 없다면 늦잠꾸러기 나무는
계절을 알지 못할지도 모릅니다.
흔들림은 잠자던 나무의 내면을 깨워서
다시 움트게 하고 새순이 나오게 합니다.

처음에는 강화도 교동 땅이 너무나 좋아서

쉬고 싶은 나만의 공간을 만들고 싶었습니다.
땅이 주는 편안함이 몹시도 좋아 새색시처럼
웃음이 번지기도 했으니까요.
한 번 가고 두 번 가고 몇 달을 들어가니
땅에 스민 고통이 보였습니다.
해풍에 시달리고 농약에 아프고 비닐이 여기저기 버려져 있고
사람들의 편리함에 음식 용기들이 쓰여 길가에 버려진 것을
묵묵히 수용할 수밖에 없는 땅은 서서히 몸살을 합니다.
썩지 못하는 흰 비닐과 검은 비닐이 사람을 위해서
농작물을 자라게 해서 먹거리를 주지만
정작 땅은 해소하지 못하는 갈증과 통증으로
조금씩 썩어가고 아파합니다.

넉넉한 먹거리는 사람의 마음을 더 욕심나게 하고
땅을 황폐하게 합니다.
과다한 수학은 경쟁력을 잃게 만들고
더 많은 농약으로 땅이 지치고 힘들 때
역시 그 땅의 소산을 먹는 사람들의 몸도 병들어 가지요.

서로 상생이 아닌 독선은
땅과 인간과 동물과 식물과 미생물을 변화시키고
그 반란은 여전히 우리 사람들의 몫입니다.
아이들이 이기적이고 배려하지 않고 독선적인 것은
먹거리에서 발생하는 결과입니다.

예전에 우리 부모님들은 먹거리에 시간과 정성을 들여서
요리한 음식이 식탁에 올려 함께한 식구들이
서로 웃고 이야기를 나누면서 시간에 정을 더하면서
우리는 가정의 울타리에서 서로에 대한 믿음과
사랑을 키우면서 살았습니다.
그것이 그리운 것은 지금의 삶이 너무 각박하고 무섭기도 해서
함부로 다른 사람에게 말을 편하게 할 수도 없습니다.
내가 벽이 되고 상대도 벽이 되어 소통할 수 없는
우리가 되어 벽에 대고 웃고 우는 지금의 우리가 되었습니다.
슬프고도 슬픈 우리들의 얼굴이 된 것은 우리들이 잘못입니다.

사람의 환경도 자연의 환경도 욕심이 낳은 부산물입니다.
어린아이의 천진한 웃음과 말소리에서

다시 다음 세대를 향해서 우리는 시간과 정성을 쏟아야 합니다,
이미 늙어버린 부모 세대, 다시 시작할 기회조차 우리는 주지 못합니다.
생존경쟁에서 부모 세대는 이미 갇혀버린 짐승마냥
이러지도 저러지도 못한 모습에
그저 발만 동동 구르면서 시간이 지나는 소리를
기차마냥 바라보고 있습니다.

안성에서 시원한 빗소리를 들으니
왜 이렇게 마음이 기쁘고 행복한지 모르겠습니다.
농부도 아니면서 땅이 해갈하는 것을 보면 저도 어깨춤이 납니다.
광대도 아니면서 흥에 겨워서 춤이 절로 나옵니다.
비가 주는 의미는 추억의 한 장과 같고
이렇게 비가 내리면 저는 다시 우산을 들고
낯선 거리, 안성을 걸어봅니다.
참 시원합니다.

침묵의 봄

사람의 몸도 지구 생태계의 일부분이고 또한 중요한 역할을 한다는 의미심장한 말에 저는 요즘 공감하고 있습니다.
범어사의 노송이 생각납니다.
나뭇결에 딱지처럼 보이는 것이 생명을 위한 노력임을 압니다.

지구 생태계의 한 종에 불과한 사람이
땅에 뿌려진 많은 화학 잔여물에
토양이 몸살을 하고 단순해진 종의 반격을
'침묵의 봄'에서 알게 되었습니다.
사람들의 편안함과 이익이 생태계의 반란을 가져오고
현재 지구온난화와 기후 변동,
해수면의 온도 상승 등 벌을 받고 있습니다.

우리는 자연이 주는 혜택을 충분히 누리며 살았습니다.
후세대에게 무거운 짐이 되는 자연의 반란을 보게 되니
참 미안하게 생각합니다.
초원에 누워서 책을 보고 밤하늘의 별을 보던 때가 있고
늘 풍성했던 자연의 선물을 누리고 살았습니다.

언제나 그러하리라는 기대는 이제 사라지고
강원도의 폭설도 영국의 겨울 장마도
이제는 아픈 마음으로 바라보아야 합니다.
자연에 여러 종이 함께 살 수 있도록
사람의 배려와 기다림이 필요합니다.
지금의 편리함보다는 조금 느린 마음이
모두를 자유롭게 하니까요.

늘 조급하고 급했던 마음도 이제 땅에 내려놓습니다.
삶의 무거운 짐도 생각의 오류들도 잠시 접고 다시 바라봅니다.
우린 누군가의 기대이고 바람임을 항상 잊고 살지만
찰나의 생각 속에 다시 자신의 존재를 깨닫고 감사함을 압니다.

주목이
보고 싶습니다

5년 만에 부산에서도 처음 눈을 봅니다.
땅이 젖는 것을 보면서 서울을 생각합니다.
무릎만큼 내리는 눈을 보면서 살았는데
이제는 날리는 눈을 보며 향수에 젖어
마음을 달래어 보니 사람이 사는 것이 덧없습니다.

역전의 기회를 만들기 위해서 기다림과의 싸움은 늘 빈 하늘만 봅니다.
사람의 때와 하늘의 때가 언제 다시 만날까 하고
아직은 살아오면서 덜 베풀었나 봅니다.
대나무의 인내가 필요한데 한해살이풀처럼 기대합니다.

마음이 한번 드러누우면 좀처럼 일어나지 못합니다.
말이 주는 상처에 덧나서
두 다리에 힘이 빠져서 다시 누어버립니다.
생각나는 말마다 서운하고 서러운 것은 아직 삶에 자유롭지 못함이고
상대에 대한 더 많은 기대가 무너지면서 오는 외로움입니다.

때가 되어서 보내야 하는데 그것이 쉽지가 않습니다.
물론 해준 것이 없다고 하지만

어찌 삶이 돈의 가치로 모든 것을 볼 수 있습니까?
마음이 가는 것도 웃는 얼굴도 좋은 말도 배려도 넉넉하다 싶었는데
가치 기준이 달라서 이제 서로 타인이 되어 버렸습니다.

시간이 지나고 그냥 바람이고 물이라고 생각할 때는
모두가 잊힌 사람입니다.
오늘 그 모든 것을 내리는 눈에 보내봅니다.
8,500년을 사는 꿀 버섯에 비해
백 년밖에 못 사는 사람의 애절함은 찰나도 못되니
이 겨울에 주목이 보고 싶습니다.
기다릴 줄 아는 주목이…….

나무의
작은 소리

대연수목원에 약초를 보려고 시간을 내어서 다녀왔습니다.
작은 공간을 잘 활용하여 수간(樹間)을 맞추어 심어진 약초 나무들이
제각각 다른 모습으로 자리를 지키며 있습니다.
제가 유난히 좋아하는 대나무밭에서
고향 찾은 마음이 되어 행복했습니다.

유치원생에서 초등학생 그리고 머리에 백발을 이고
천천히 걷는 우리들의 모습에서
나이가 든 나무의 삶을 보는 것 같아서
느리게 느리게 나무껍질도 만지고 꽃도 보고
그 속에 어울려 노는 아이들의 웃음소리가 천상이 따로 없습니다.
하늘은 약간 흐리고 바람도 적당히 불고
잠시 쉬는 자전거에서 울리는 음악도 흔들립니다.

부산함 속에 잠시 자리를 비워 나무들과 이야기를 합니다.
가시가 있는 나무에서부터 예쁜 꽃을 피우는 나무마다
낯선 땅에 뿌리를 내리며 살아왔을 때를
산에 있는 나무와 도심 속의 나무는 무슨 이야기를 할까요?
그들은 장거리에도 서로의 언어로 이야기합니다.

작은 소리는 우리 귀에 들리지 않아도…….

오늘 지하철에서 낯선 사람의 모습을 보았습니다.
그 사람은 개인주의에 빠져 권리만을 요구하고
자신이 해야 하는 책임과 의무는 타인의 몫인 양 당당한 모습에서
혹 나의 모습은 아닌가 돌아봅니다.
너나 나나 자신의 몫을 다 누리며 사는 사람은 없습니다.
생각하기에 따라서 좀 더 풍성하기도 하고
또는 부족하다고 느끼지만 서로 어울려서 살아갑니다.

50년이 지나고 보니 이제 세상을 조금 알 것 같은데
젊은 세대는 오죽하겠습니까.
우리의 사랑이 필요하지요.
환경은 바꾸기가 힘들어도 현재 자신의 감정 상태는
언제나 조절 가능해서 행복하게 만들 수 있습니다.
좋은 생각과 추억 그리고 현재를 보는 넉넉한 마음이
자신의 삶을 따뜻하게 하지요.
모두가 아픕니다. 아픔을 바라보는 우리들의 시선도 힘들지만
그래도 시간이 흘러갑니다.

못생긴 나무

못생긴 나무가 산을 지킨다는 말이 있습니다.
태풍에 줄기는 휘어지고 곤충의 습격에 구멍이 생긴
그래서 재목도 못 되는 나무.
그 고통의 시간 동안 나무는 묵묵히 그 자리를 지키고 있습니다.
어느 순간 시간이 되어 다시 자연의 일부분으로 남겨질 때
다시 땅의 거름이 되어 흙을 지킵니다.

못생긴 나무의 긴 기다림 그리고 침묵이
저의 맘을 사로잡고 있습니다.
잘생긴 나무가 주는 숱한 상처에도 그냥 자리에 서 있습니다.
자연의 선물로 살아왔던 세월만큼 다시 자연의 거름이 되어
생태계에 또 다른 먹이사슬이 되고
그렇게 시간의 의미는 늘 다른 장소 다른 곳에서 와서
삶을 성장하고 성숙하게 합니다.

저는 살면서 어머니의 다투는 소리나 욕설을 들은 적이 없습니다.
그 오랜 세월 장사를 하시면서 큰소리를 내는 적도 없고
남의 흉을 들은 적도 없고 늘 속으로
모든 것을 삭히시면 살아왔던 어머니만을 기억합니다.

그래서 저도 오랜 기다림이 주는 양면의 상처에
익숙해져 가는 자신을 보고 그냥 웃기만 합니다.

향나무는 자기를 찍는 순간에도 향기를 내뿜는다는 말에
저도 모르게 숙연해졌습니다.
우리는 눈에는 눈으로 이에는 이보다 더하게
상대에게 욕설을 주저함이 없이 하면서
그것이 당연한 권리라고 생각합니다.
과연 저도 그런 향기가 있는 사람으로
지금까지 살아왔는지 대답할 자신이 없습니다.

마음이 다치면 생각은 멈추어 버리고 생각이 멈추어 버리면
그 순간은 상실감에 몹시 힘이 듭니다.
세상 사람들의 잣대에 절대 익숙해지지 않는 영혼을 가진 사람은
상처가 되고 아픔이 되어 주눅이 들어 사는 것 같지만
그래도 그런 사람 때문에 세상은 조금 더 정화되고
아침이슬처럼 생명력이 있어 아름답습니다.

꽃들의 자태

한 주 내내 꽃들이 여기저기에서 자태를 자랑합니다.
유치원 재롱잔치에서 학교 졸업식까지 그 자리를 빛내기 위해
만들어지고 재단된 그리고 향기 없는 꽃들이 진열되어 있습니다.
예전에 어머니가 꽃값을 절약한다고 조화를 주신 때가 그립니다.

떠나면 죽은 자는 잊어버리고
남은 자의 몫으로 남은 추억이라는 이름
이제 우리의 아들들도 사회인이 되어 다시
꽃을 사서 축하를 하는 일이 쉽지가 않습니다.
제 친구는 남편에게 꽃을 받았다고
카톡에 올려 부러움을 사고 있지요.
자신을 위해 한 번쯤은 꽃을 들고 집에 가고 싶습니다.

어느 신문에서 태양의 불행은
정작 태양에게는 하루의 낮과 밤이 없다고 합니다.
쉴 수 있는 집과 일할 곳이 있다면 그것이 바로 유토피아라고 합니다.
현재 우리가 가진 물질, 환경, 마주 바라보는 사람이 있다는 것은
충분한 축복입니다.
살아가는 것에 정신이 팔려 놓쳐버린

사소하지만 커다란 행복이 바람에 날려갑니다.

우린 한 해에 한 번 맞는 생일 하루에 많은 기대를 합니다.
기억해 주길 바라고, 자신이 소중한 존재임을
타인을 통해서 알기를 바라지요.
일 년 내내 그런 날처럼 살아간다면 자신에 대한 깊은 사랑으로
다른 사람을 바라볼 수 있다면 우린 현재 있는 상태에서
늘 행복한 사람입니다.

한 줄로 늘어선 에스컬레이터 위의 사람들 옆은 비워져서
무게중심이 평행을 이루지 못해 가끔 고장이 나서
온몸을 드러내서 수리를 받고 있는 모습은 어쩌면 우리가 아닐까요.
나에 대한 사고만 중요해서 타인의 생각조차
마음속에 자리 잡고 있지 않은 우리
함께 가야만 멀리 가고 오래갈 수 있다는 말은 동행의 축복입니다.

반성은 또 다른 폭력이라고 사람들은 편하게 말을 하지만
우린 기억조차 하길 거절합니다.
실패를 기념하면 그것이 내 안에서 나를 성장시켜 주지만

우리의 시야는 늘 타인에게 향합니다.
사람들의 잣대 또한 공평하지 않습니다.
그러나 그것을 누가 정해 줄 수 있는지요.
군중의 판단이 한 사람 개인의 삶에 미치는 영향은
가히 치명적이라 할 수 있습니다.

갑자기 추워진 날씨 때문에
잔잔한 일상에서 느낀 편안함에 감사가 되었습니다.
서로에게 한마디의 힘 있는 말과 배려는
우리를 조금 늦게 가는 인생길이 된다고 해도
천천히 걸으면서 맞이하는 하루의 일상은 경이로움 그 자체입니다.
거북이처럼 느리게 달팽이처럼 천천히
황소처럼 권위가 있게 걸어가는 넉넉한 삶이 되시길 바랍니다.

칠월이 주는 의미

7월이 주는 의미는 삶을 다르게 합니다.
어느 하루도 변함이 없지만,
시간의 통제에 갇힌 사람들의 모습에서
절대 익숙해지지 않은 우리들의 모습을 봅니다.
모든 것이 변해 있었지민 스스로 변함없고 믿으면서
살아가는 자신을 바라봅니다.

아무리 쳐다보아도 작은 공간을 통해 보는 세상은
점점 낯설고 어색합니다.
낯선 사람들의 호흡에도 몸놀림과 언어에도
왜 이방인이 되어 가까이 갈 수가 없는 타인이 되어 버렸을까?
서로 다른 세계의 사람처럼 가로막힌 벽을 향해 소리치는
우리들의 모습…….

마음의 언어는 그러한 벽들을 아주 조금씩 허물게 합니다.
처음에는 잘 몰랐지만 작은 배려에서 오는 편안함이
내 안에 힘이 되어 일어서게 합니다.
묵묵히 기다려 주고 들어주고 베풀어주는 아주 작은 사랑이지만
품 나게 남을 의식하는 그런 사랑이 아니어서

더 감사하고 기다림에서 오는 자유를 봅니다.

인생은 여러 번의 파도타기와 같은 삶을 겪으며 살아갑니다.
언제나 더 힘들고 더 익숙해지지 않은 것은
사람의 마음이 높은 곳에 머물고 싶은 욕심입니다.
날씨도 해마다 다르고 기후가 달라지면서 우리들 생각도 달라집니다.
자신은 변해도 타인의 변함에 더 인색한 것과 같은 것은 아닐까요?

어느 연예인의 우정을 들으면서
나도 그러한 친구가 있었으면 하는 자신의 모습을 돌아보면서
순간 왜 나는 그러한 친구가 되길 바라지 않는지 되물었다.
친구의 어려움에 내 재산을 무상으로 주면서
되돌려 받기를 원치 않는 무소유의 사랑법
그 연예인은 언제나 웃는 사람이고
상대를 편안하게 하는 마술 같은 힘을 가진 우리들의 어머니상입니다.

마른 가뭄에 해갈될 장맛비는 넘치게도 내리지 않고
마른 땅에 잠시 적실 비처럼 내립니다.
땅만한 투자도 없다고 하는데

우리네 먹거리가 되는 땅은 점점 황폐해져 가서
사람들의 생각도 그와 같이 점점 지나치게 예민하고
신경질적이고 공격적입니다.
땅이 건강하고 풍성해야 사람들의 마음도 풍성하고
모두의 관계도 넉넉해지지 않을까요?

누군가는 인생의 황금 시간이 지금이라며
어느 때를 지칭해서 이야기하지만
인생의 1초 1초는 언제나 황금 시간입니다.
누구나 한 번뿐인 인생의 무대에서 언제나 새로운 날이고
만남도 삶과 죽음도 우리의 의지나 계획이 아니라
신의 섭리 속에 있으며 다만 선택권이 있다면
오늘이라는 선물의 시간을 소유하느냐 아니면
흐르는 물처럼 쏟아 버리느냐에 있을 뿐입니다.

걸작을 위한
나만의 인생 작업

어제 사슴에 대한 또 다른 면을 알게 되었습니다.
시 〈사슴〉을 통해 알던 일부분에 조금 더해졌지만
그래서 사슴을 더욱 사랑하게 되었습니다.
오백 년을 사는 사슴을 청록사슴이라 하고
천 년을 사는 사슴을 백록사슴이라는 전문가의 말에
새삼 백 년도 못 사는 인생이 두려움 없이 자연을 훼손하는 오만에
그저 가슴이 아플 뿐입니다.

겨울을 나고 두 마리의 토끼가 굴 밖의 시간이 어떻게 지나는지
궁금해서 잠시 나와 봅니다.
한 마리는 눈 덮인 북쪽 산을 바라보면서
아직도 봄이 오지 않았다고 계속 굴에 있어 굶어 죽고
또 한 마리는 양지쪽 마른 땅만 보고 나와서
한겨울 추위에 얼어 죽었다고 합니다.
우리도 늘 한쪽 면만을 주시하고 살지는 않았는지
타인에 대한 저울추가 한쪽에만 기울지 않았는지 모릅니다.

자연은 시간이 되면 조심스럽게 열매를 맺습니다.
꽃은 아름답다 하며 늘 피는 것을 보면서

맺힌 열매는 그렇지 못하다고 하여
주저함이 없이 가위로 잘라버립니다.
사람의 이득에 의해서 남겨지고 제외되는 것을 지켜보면서
참 마음이 아픕니다.
익충과 해충도 사람이 나누어 놓은 것이고
나쁜 것이라 하지만 자연은 모두를 품고 살아갑니다.

오늘은 멋진 그림을 수없이 그려놓고
흩어지는 화폭 같은 하늘을 하염없이 바라봅니다.
긴 산책길에 잠시 쉬기 위해 누운 자리는
바람도 불고 아직 태양은 뜨겁지 않아서 감상하기 참 좋습니다.
하루 10분간의 그림 감상은 무수한 무늬를 그리고 지우는 작업을
반복하면서 내 삶도 그렇게 시시각각으로 변하는 것은
조금 더 멋진 걸작을 만들기 위한 나만의 인생 작업입니다.

낯선 사람과의 만남은 새로운 생각의 지평선을 넓게 하고
내 삶의 작아진 부분들을 좀 더 넓혀보는 시간이 됩니다.
그들도 자신의 인생에 진정한 주인이며
가족에게 참으로 소중한 존재였고 지금도 그러합니다.

그러나 앞으로는 자신이 타인에게
그러한 소중한 존재가치를 심어가는 세월이 인생이라고 생각합니다.
지난 시절의 지식, 경험, 직위는
앞으로 살아가는 데 도움은 될지언정 현재 가치는 아닙니다.

풀벌레와 이슬
　그리고 젖은 땅

밤새 노래하는 풀벌레 소리에 새벽부터 어둠을 바라보게 합니다.
전에는 밤이 무서웠는데 이제는 나이를 먹는지 편안하고 정답습니다.
창문만 열면 밤나무로 아카시아로, 밤의 손님인 풀벌레들이
자기 세상인 양 노래합니다.
가만히 늘으면 사람만 말이 많은 것은 아닙니다.

이슬이 내린 풀숲에는
어쩌면 그리도 싱그러운 냄새가 나오는지 신기합니다.
이슬에 젖은 땅은 새롭습니다.
걸음도 힘이 나고 땅의 기운이 온몸으로 전해져서
인디언 부족의 춤사위처럼 사뿐히 걸어봅니다.
온 천지가 나뭇잎의 생기로
초가을을 혼자서 독차지한 기쁨에 마냥 소녀처럼 웃어봅니다.

아침 산책길에서 멀리 영국에서 건너온
뽕순이라는 커다란 개를 만났습니다.
낯선 한국에 와서 몹시도 힘이 들었는지 병이 났는데
병원에서는 살 수가 없다고 했답니다.

주인은 너무 안 되어서 쇠고기를 갈아서 죽을 먹이고
정성을 들였더니 이제는 쳐다만 봐도 예쁜 개가 되었다고 합니다.
낯선 저를 보고도 짖지 않는 뿡순이는
참 예쁜 모습으로 산책길에 주인과 동행을 합니다.

종이 달라서 교배도 못 하고 그래서 수술을 했다는 뿡순이는
이제는 짖게 되면 소란스럽다는 말도 알아채서
주인이 쫓겨날 수도 있다는 것을 아는지
지금까지 개가 짖지 않고 지내고 있다니 참으로 놀라운 일입니다.
사람도 무수한 말을 하고서도 여전히 떠드는데
뿡순이는 그 많은 순간을 참고 바라보고 있으니까요.
침묵 속에 감추어진 무수한 말이 제게는 들리는 것 같습니다.

이른 아침에 만난 낯선 사람이지만
이런 아침을 사랑하는 사람은 전혀 낯설지가 않습니다.
소란한 저녁보다는 빈 공간 같은 아침,
그래서 선물처럼 가슴 가득 편안함이 넘쳐서
남이 누리지 못한 시간의 덤을

지금 천천히 산책하면서 받아보고 있습니다.
풀벌레 소리와 이슬과 젖은 땅은 산책하는 사람으로 하여금
마음을 정화하게 하는 힘이 있습니다.

가을의 문턱에서

속초에도 나무 끝에 아주 조금 든 단풍이 있었는데
어제 북한산 나무 끝에도
아주 곱고 예쁜 단풍이 물들고 있었습니다.
북한산은 돌이 아주 많아서 등산하기에는 조금 힘이 들었지만
처음 가본 북한산은 전혀 낯설지 않고
참 따뜻한 느낌을 받았습니다.

낯선 사람들과의 짧은 소통에서 오는 기쁨을
무어라고 말할 수 있을까?
언어가 다르고 환경이 다르다고 할지라도
자연에 대한 경외심은 같은 것.
눈빛에서 표정에서 우리나라의 산에 대한 추억이
그림처럼 아름답기를 바랄 뿐입니다.
그래서 어떤 것을 떠올릴 때
우리나라의 등산에 대한 추억이 그리움이 되어 다시 오길……

양동에서 만났던 아주 선한 눈빛의 자폐증 소년이 그립니다.
자신만의 소리에 갇혀 전철 안에서
손으로 자석을 힘껏 두드리던 아이는

지금 무엇을 하고 있을까 생각해 봅니다.
다른 시선과 소리에도 반응하지 않던
덩치가 산만하던 참 멋진 미소의 소년.

너무 소리가 커서 앞쪽에서 양옆에서
큰소리가 오고 욕설도 하는 그들을 보면서
나 또한 소년에 대한 연민처럼
그들도 안타까운 시선으로 잠시 바라보았습니다.
소통의 부재에서 오는 단절의 상처들이
내 눈에는 보였기 때문입니다.
그 소년에게 작게 작게 나와 이야기를 하자고
작은 소리로 손으로 메시지를 전했습니다.

우린 어느새 동무가 되어 소년이 묻는 궁금한 이야기에 대해서
내가 아는 범위에서 작은 소리로
간단하면서 정성을 다해서 이야기해 주었습니다.
한 시간의 시간을 우린 작은 목소리로 이야기했지만,
어느 사람도 불만을 말하지 않았습니다.
내 쪽에서 내가 너의 이야기를 들어 줄 것이고

다른 사람은 들리지 않게 정중히 부탁했기에 때문입니다.

내려야 할 역이 다가오자
눈빛이 참으로 선한 소년은 먼저 인사를 합니다.
"아줌마 나 여기서 내려야 해 아줌마 잘 가."
다시 만날 수 없는 짧은 만남이지만
인생을 조금 더 산 선배가 되어 보니
이 짧은 만남도 양동으로 가는 전철 여행을
정말 즐겁고 행복하게 만들어 주었습니다.

어디에서 어떤 장소에 있던 사람과의 만남은
설레게도 하고 마음이 아프게도 합니다.
낯선 타국을 여행하던 몽골 부부의 알 수 없는 눈빛도
전철에서 만났고
우울했던 미국의 흑인 여자도
함께 찍은 사진 속에 짧은 미소가 되어 절 행복하게 했습니다.
내가 있는 자리에서 잠시 옆에 있는 인연으로
서로에게 벗이 된다면 그것을 삶은 충분한 보상입니다.

알록달록 단풍

알록달록 단풍이 든 북한산
멀리서 바라만 보아도 가을 가운데
그 속에서 이리저리 헤매는 제 마음을 들여다봅니다.
주말이라 차량은 밀리고 마음은 급하게 산을 향해 달려갑니다.
흙의 색깔이 달라지고 낙엽이 뒹구는 어느 이른 새벽
산은 차디찬 바람을 품고 있습니다.

집을 떠나기로 맘을 먹은 학생이
신이 있다면 날 축복한다면 내가 가장 좋아하는
미술 선생님께서 나의 어깨에 손을 얹어 준다면
그 희망 나로 세상을 살겠다고 했습니다.
무심코 선생님은 학생의 어깨에 손을 얹고 수업을 시작했고
아주 먼 훗날 성공한 그 학생은 그 순간을 방송을 통해 고백합니다.

세월이 흘러 그 이야기를 듣게 된 선생님께서 참 통곡을 합니다.
그 학생의 마음조차 알지 못한 채 그냥 일상의 수업을 진행했고
학생이 떠난 이유도 모른 채 지내온 시간
순간에 최선을 다하지 못한 자신에 대해
수없는 반성은 모든 것을 다시 생각하게 했으며

현재 자신의 일상에서 더 애틋한 정열을 가지고 살아갑니다.

우린 누군가의 희망이고 꿈이 될 수 있다는 말은
거창한 성공이 아니라 사소한 마음 씀씀이가
다른 사람의 삶을 살아가는데
버팀목이 되기도 합니다.
나의 작은 몸짓 하나 나의 작은 미소가
이 세상을 살아가는데 누군가의 작은 촛불이 된다면
우리의 존재는 그것으로 충분합니다.

계절이 바뀌는 길목에서
언제나 몸살로 신고식을 합니다.
오한에 몸살에 기침에 한겨울 차림으로
불광천을 걸으면 모든 사람이 절 쳐다봅니다.
때 이른 복장에 불편한 눈빛으로 혀를 차면서
안됐다는 표정을 하면서 갈 때
어찌 보면 감사하고 어찌 보면 속이 상하지만
현재의 내 몸 상태는 그것을 잊게 합니다.

그래도 아침 불광천의 산책은
하루를 신성하게 맞이하는 인디언의 의식처럼
아주 진지하게 진행합니다.
느리면서 더욱 천- 천 - 히 기다리면서 걸어봅니다.
아침의 빛에 따라서 공기도 달라지고 불광천의 물빛노 달라집니다.
사진사 말에 의하면 카메라 사진은
아침 빛에 노출된 사물이 더 굴절되어 보인다고 합니다.

가을 맛

갈대가 갈색으로 변해 가을 맛을 물씬 풍기는 오후 어느 날
이렇게 개울가에도 가을이 물 들어갑니다.
저의 키보다 더 큰 갈대나 억새를 보며
바람에 흔들리고 서리에 맞고
그 더운 여름을 보낸 갈대를 생각해 봅니다.

가을은 우리의 마음속에 먼저 와서 기다리고 있습니다.
나무가 변하고 풀의 색깔이 변하고
하늘이 높아가는 것을 내내 기다렸습니다.
마음에 쌓아버린 벽 하나 허물기 위해
묵묵히 시간이 지나가기를 그렇게
오래 기다리고 기다립니다.
내 안에 앙금이 삭혀져서 다시 사랑할 수 있기를

줄기러기는 한 해에 두 번이나 에베레스트를 넘어
티베트고원의 서식지로 이동합니다.
상상을 뛰어넘는 9,000m 상공의 비행은 목숨을 건 도전입니다.
일반 기러기는 900m의 상공만 비행하는데
유독 줄기러기는 생존을 위한 도전을 멈추지 않습니다.

급변하는 환경에서 살아남기 위한
작은 몸짓의 변화는 무섭기까지 합니다.

피로도 세습되지 않는 것이 도전정신이라고 하는데
편안함에 익숙함에 물들어 버린
우리 삶의 나약함을 보게 됩니다.
그래서 다시 작심삼일이 시작됩니다.
그렇게 매일매일 조금 더 나은 삶을 위한
여행 같은 인생이 펼쳐집니다.
길 위의 사람들은
늘 새롭고 다채로우며 더 넉넉하기 때문입니다.

누구나 마음에 상처가 있고 그 상처들이 딱지가 되어
여기저기 흉물스럽지만
우린 마음의 눈이 보고 싶은 것만 보는
닫힌 창이 되어 상대의 흉터를 보지 못합니다.
작은 언어, 작은 몸짓, 작은 떨림 속에 감추어진
고통의 소리를 듣지 못합니다.
큰 변화보다는 작은 변화가 더 필요한 세상

상처는 크게 생겨서 낫는 것이 아니라
작은 상처가 더 커져서 몸과 마음을 무너지게 합니다.
소통을 위한 것도 사랑한다는 것도
늘 작은 나눔에서 시작됩니다.
'나중에 하지'라고 말하는 순간
회복할 기회는 사라지고 말 것입니다.
지금 바로 작은 나눔이 행동으로 이어질 때
삶의 가치와 행복은 다시 시작됩니다.

가을과
겨울의 길목

한 해를 마무리하기 전에 꼭 지나야 하는 11번째의 계단
아마 그래서 11월은 유독 가을과 겨울의 길목 사이가 아닌가 합니다.
어제 새벽에 내린 소낙비로 겨우 나무에 매달려 있던 단풍들이
이른 아침에 거리를 온통 커다란 풍경화로 만들고 말았으니
걷는 저는 참 행복합니다.

머리 위에 얹은 모자는 사람의 양면성처럼 감추어지기도 하고
새롭게 보이기도 하니 착각하기에 딱 좋습니다.
흰머리가 당당하게 보이지 않아서 어느 날 모자 하나 만들어 썼더니
어찌 보면 예술가라고 하고 어찌 보면 이방인이라고 하니
자기 생각이 보이는 잣대가 되었습니다.

사방의 어두운 벽 속에 갇혀
보는 시야도 생각도 그 벽만큼만 보이니
참으로 이상합니다.
밖을 보면 한없이 넓어지는 무한대의 그림이
안은 작디작은 세상이라
그 작은 것에 마음이 상하고
더없이 기뻐했던 순간들이 주마등처럼 지나갑니다.

오늘의 생각과 내일의 생각이
모두가 옳다고 할 수 없는 것은
세상의 기준이 매 순간 달라지는 것은 아닐까요.

또다시 천천히 걸어 봅니다.
내 안의 작은 공간들을 정리하면서
예전에 읽은 《성자가 된 청소부》라는 책이 생각납니다.
비워지므로 비로소 넓어진 시야로 세상을 향해
당당히 걸어갔던 작은 거인이
우리에겐 그 작은 거인이 필요합니다.
이슬비처럼……

울어 본 사람이 우는 사람을 위로할 수 있고
아픔을 아는 사람이 아픈 사람을 이해할 수 있는
세상에 살고 있지만
우리는 각자가 같으나 너무나 다른
상처를 가슴에 안은 채 늘 홀로 울고 있습니다.
자신의 벽 안에 갇혀서……

창가에 비친 내 모습은 매일 달라 보여도
자신과 내면의 자신은 같아 스스로 놀라기도 합니다.
살아오면서 작은 희망 씨앗들이 모여서
하루를 만들기도 하고 일 년을 만들기도 합니다.
여기까지 만들어온 자신을 볼 때 아직은 희망이 있습니다.

작은 희망의 알맹이가 모여 돌무더기가 되고
다시 커다란 바위가 되어
이 땅에서 든든히 세워져 있는 날이 올 것을 믿기에…….

깊어 가는 가을

어느덧 깊어 가는 가을
이곳 부산에는
예쁘게 단풍이 물들어 갑니다.
점점 얼굴에는 생사의 모습들이
더 마음을 아프게 합니다.

나이는 숫자에 불과하다고 하지만
우린 생각과 경험, 지식에 의해서
내 모습이 변형되는 것을
자신은 볼 수 없습니다.

거미줄에 걸리지 않는 유일한 것은
바람이라고 합니다.
사람의 마음속의 생각 또한
어디에도 걸리지 않아 거침이 없어야
변화에 생존할 수 있습니다.

어느 누구도 자신을 말해주지 않습니다.
세월은 정직하지 못해

잔인하기도 해서 철저하게 자신을
바라보게 합니다.

10월은 소리 없는 혁명처럼
변화되고 퇴화하여 새롭게 되어가고
정체된 내 모습에 자신도 놀라서
똑바로 보지만 여전히 그대로입니다

다시 시작합니다.
칭기즈칸처럼
'빠른 자가 느린 자를 이길 수 없고 느린 자는
더 느린 자를 이길 수 없다'는 평범한 진리를
21세기에 다시 접목해 봅니다.

새로 시작하는 하루, 참 행복합니다.

은행나무

은행나무가 소리 없이
은행알을 알알이 맺은 것처럼
바람에
상처 날려보내고
더위에
마음속 아픔을 삭혀내서
다시 시작합니다.

모두가 '방학이다'
'휴가다' 라고 들떠서
전국 지도와 세계지도를 펼쳐봅니다.

좁은 땅에
점도 없는 집에 살면서
생각은 벌써 지구를 50번 돌고 나니
다시 제자리
세상 구경을 다하고
누워봅니다.

폭우로 무섭던 마음도
여름 더위로 잊히고
찜통더위라고
모두가 안에만 갇혀서 냉방병이 됩니다.

온종일 흐르는 땀은
옷도 젖고
몸도 젖어서 짠 냄새에
바다 냄새까지 겹쳐서 온통 소금입니다.

여름은 짜야 한다고 하지만
그래도 마음만은 신선한 생각으로
우리 삶이 시원해지길 바랍니다.

생각이 밑천이 되고
다시 시작할 힘이 되니 그래서 또 합니다.
살아있는 것은 포기가 아닌 시작이기에…….